文
景

———

Horizon

保卫新丝绸之路

挑战与机遇下的中国私营安保公司

［意大利］亚历山德罗·阿尔杜伊诺（艾雷）　著

唐杰　林梓　等译

上海人民出版社

本书献给艾君（Gian Matteo），希望他将来总能在任一未知领域找到道德方位。

目　录

致　谢

　　这本书的核心观点以在中国和"一带一路"沿线进行的访谈和研讨会为基础。我要感谢许多人,他们花了许多宝贵的时间让人们了解中国国家安保市场的私有化状况。有些专家和参与者选择不公开姓名,但我希望您知道,没有您的支持和知识,我无法完成这项任务。

　　我还要感谢许多朋友和同事给予的支持,尤其是保罗·科尔博士(Dr. Paul Cole)对我的初稿直截了当的质疑;感谢李轶海教授支持我的研究;感谢李明江教授相信中国私营安保研究的未来;感谢詹姆斯·多西博士(Dr. James Dorsey)对我的尖锐批评,并为我提供了新的信息与素材。还有拉斐洛、建明、亚尼夫、米克、克里、克里斯蒂安、兰迪、德西、雅各布、于、詹姆斯、赵、乔伊、安德鲁、黄、麦克和帕特……

　　我还要衷心感谢上海社会科学院、拉贾拉特南国际研究院以及都灵大学的各位同事的鼎力支持。

最后，我要感谢我的编辑雅各布·德雷尔（Jacob Dreyer）先生——他大度地包容了我的抱怨，以及阿努尚吉·韦拉康（Anushangi Weerakoon）女士对我的热切支持。

第一章

保卫新丝绸之路

摘要　习近平主席于 2013 年提出"一带一路"倡议,旨在促进中国与 60 多个国家的经济发展和交流合作。当前,"一带一路"发展势头正劲。然而,"一带一路"倡议中隐藏着许多重大风险,并且这些风险在许多情况下,对于海外经营的中国公司来说是全新的挑战。其中一个必须解决的问题,即需为"一带一路"中的海路与陆路建立起广泛的安全体系。虽然中国政府意识到了"一带一路"建设所面临的安全风险与挑战,但是解决之道却需在别处寻找,即提供武装私人安保、特殊风险评估与保险,以及可能是最重要的一点,缓解危机的国际公司。

关键词　"一带一路"倡议 · 私营安保公司 · "一带一路" · "一带一路"安全 · 中国风险

一、引言

2016 年 5 月 31 日，一个鲜为人知的地方军事组织信德斯坦革命军（Sindhudesh Revolutionary Army，SRA）——直接挑战了巴基斯坦中央政府对信德省的控制——袭击了在巴基斯坦卡拉奇市（Karachi）生活的中国工人。恐怖分子在袭击中使用了简易爆炸装置，造成 1 名中国工程师和其司机受伤。2016 年初，中国铁路公司的 3 名中国高管与其他外国人在马里首都巴马科（Bamako）的蓝色雷迪森酒店遭遇恐怖袭击，不幸遇难。

这两个袭击事件中的中国人没有得到充分的保护，也未得到对当地存在迫近威胁发出的适当预警。在巴马科恐怖袭击中，中国人成为被攻击的目标，仅仅因为他们是外国人——除此之外，并无其他。而信德斯坦革命军袭击中国工人则是为了阻止中国对巴基斯坦疲软的经济提供进一步的经济支持。中国政府对伊斯兰堡的支持已经引起了巴鲁奇部落地区（Baluci tribal region）的公开反对。但是，港口城市卡拉奇仍被认为是中国工人相对安全的飞地。中国—巴基斯坦经济走廊（China Pakistan Economic Corridor，CPEC，以下简称"中巴经济走廊"）预计投资价值为 630 亿美元，它连接中亚与巴基斯坦的印度洋港口瓜达尔（Gwadar），是"一带一路"（The Belt and Road Initiative，BRI）重要的战略组成部分。"一带一路"倡议由习近平主席于 2013 年发起，旨在促进中国与 60 多个国家的经济发展和交流合作，是中国重新开展对外直接投资工作（outbound direct investment，ODI）的先锋。

随着关于工作条件和环境恶化问题的争议正日益引起人们对中国对外直接投资的关注，当地居民与中国工人之间的冲突在非洲、中亚及南亚并不鲜见。虽然过去 10 年中国海外投资总额增长了 8 倍，但中国在"一带一路"投入的资金量前所未有——中方估计为 8 万亿美元。

在"一带一路"建设中，必须解决的一个监管问题，即

"一带一路"中的海路与陆路沿线需要一系列的安全考量。在卡拉奇袭击中，走向全球的"一带一路"遇到了一个地区性的问题，但这个问题在项目的经济和安全影响分析中都没有得到足够的重视，缺少的是评估当地社区对"一带一路"建设的抵制心理。根据官方报道可知，事件的袭击者曾留下一张纸条，称此次行动是对"中国帝国主义崛起"的抗议。这一报道显示出某种宣传上的冲突，冲击了与"一带一路"倡议的互利共赢、可持续发展的理念。自2013年"一带一路"建设启动以来，中国公共外交以新丝绸之路的全球互联互通性和可持续性共赢发展为隐喻，试图控制或减轻国际社会对"中国崛起"的焦虑。但这一尚未成功的努力，或可成为"一带一路"沿线发生的其他几起冲突的征兆。

虽然中国政府意识到了"一带一路"建设所面临的安全风险与挑战，但是解决之道却需在别处寻找，即提供武装私人安保、特殊风险评估、保险以及——可能是最重要的一点——缓解危机的国际公司。

具有"中国特色"的私营安保公司（private security companies，PSCs）当下的角色与私人军事安保公司（private military security companies，PMSCs）在两次伊拉克战争和阿

富汗稳定运动期间所扮演的角色完全不同。然而，在揭示安全威胁和如何最好地利用安全承包商方面，部署私营安保公司的中国国有企业（state-owned enterprises，SOEs）仍在努力克服一些认知差距。在"一带一路"沿线国家或地区建设基础设施的多数国有企业和中国私营企业，会低估安全风险，并且希望中国政府与东道国签署协议，为自己提供保护。同时，其他意识到存在安全威胁的公司往往倾向于仅仅将私营安保公司视为"持枪保安"（guns for hire）。

当代的私营安保公司正在努力使自身的商业模式与非洲后殖民战争期间雇佣兵的可耻行径区别开来。可尽管如此，与雇佣兵（soldiers of fortunes）有关的污名仍未消散。

在过去20年中，两极全球秩序的瓦解推动了以提供军事化服务为核心商业模式之一的私营公司的崛起。现代雇佣兵成为承包商，通过脸书（Facebook）等社交媒体提供服务。在这方面，中国对私营安保服务的需要呼吁着一套更复杂的解决方案的出台。中国国有企业需要一套综合服务，而武装人员只是其中的一个组成部分。

来自美国的私营安保公司黑水公司（Blackwater）——也被认为是一家私营军事安保公司——的安保人员在巴格达

（Baghdad）的尼苏尔广场（Nisour Square）杀害了17名伊拉克平民，随后，这种行为引起了媒体对雇用私营安保人员的强烈不满。公众的抗议直接迫使黑水公司的首席执行官埃里克·普林斯（Eric Prince）放弃了与美国政府签订的利润丰厚的合同并更改公司名称。但中国国家安全机关的一个重要部门和私营安保公司管理层都认为，黑水模式是有效的，这与西方观点形成鲜明对比。前黑水公司创始人埃里克·普林斯为其设计的宣传语"黑水关照之下从未有客户死亡"在中国拥趸众多。

因此，普林斯先生在香港的新公司——先丰服务集团（Frontier Service Group，FSG）——在北京设有办公室，也就不足为奇了。此外，普林斯是受邀参加2016中国私营安保协会年会的少数几位外国嘉宾之一。

然而，一个很重要的问题是：许多接受中国对外直接投资的国家，其法律不允许在本国动用境外武装私营安保。在这一问题的解决上，与中国安保企业和当地执法机构都有合作的风险评估官员，可以提供重要的帮助。与此同时，刚进入特殊保险市场不久的中国保险公司，必须提高自身的业务能力，以达到与国际最佳实践相一致的水平。特殊保险领域还是一个鲜为人知的利基市场，但由于中国对外直接投资规模扩大，特殊保险已然成为高利润行业。中国保险行业的领军企业，如中国平安保险公司（Ping An）和中国太平保险公司（China Taiping），已经伸出寻求与来自英国及其他国家的保险专家合作的触角。

中国安保企业明白，由于经济危机、冲突、内乱、资产国有化和货币贬值等因素相互交织，在新兴经济体与对外直接投资有关的风险包括更高的失败率。与此同时，中国国有企业具有公营性质，商业能力强，还有模糊商业因素与政治因素的界限的倾向。因此，如果出现危险，他们往往会过于乐观地依赖中国政府的支持。

中国政府知道巴基斯坦境内的中国工人面临着安全威胁，但此前的风险分析聚焦于俾路支斯坦地区（Baluchistan area）内那些寻求独立的好战派。伊斯兰堡（Islamabad）已经部署了相当多的军事力量来保护该地区的中国公民。而信德省发生的袭击事件表明，随着"一带一路"项目的开展，全面、持续的风险评估缺失了。不但在项目前期评估期间必须进行初步风险分析，而且也必须监测项目在进行过程中对当地社区的影响。

分裂主义和叛乱是风险评估模式中的主要变量，但它们的影响往往被高估，而中国资本和工人涌入在当地引发的问题没有得到充分考虑。中国基础设施项目破坏了当地权力和财富的动态平衡，造就了一批新的赢家和输家，并诱发了反华危机。从中亚到非洲，从越南到印尼，数起案例已经表明，中国投资在当地引起的变动，有的会以暴力冲突而告终。

中国国有企业在"一带一路"陆路沿线（途经中亚、连接中国和欧洲的新铁路）所面临的危机正在增加。风险的范围很广，从区域政治社会不稳定，如塔吉克斯坦（Tajikistan）和吉尔吉斯斯坦（Kyrgyzstan）之间的边界冲突、奥什（Osh）发生的吉尔吉斯种族暴力事件（2010 年），到当地居民抗议以及中国国有企业工人和当地居民之间不断爆发的暴力行为，如阿克斗卡铜矿事件（哈萨克斯坦，2015 年）。

"一带一路"危机处理的基石是政府间的协议（G2G）。这种双边方式使得一种风险评估在中国和" 带 路"沿线国家都具有法律约束力。然而，这种双边方式也有局限。最明显的是分裂分子与中央政府之间的敌对。其他限制包括中央和省级政府之间的联系薄弱、文化和宗教障碍以及历史上根深蒂固的未解决的争端等。面对这些挑战，中国的"一带一路"倡议要想实现其核心价值，并于长期的国际经济合作和可持续发展中取得成功，关键在于中国私营安保公司要有能力进行准确、持续的安全评估、情景规划，能够预防和处理危机。

自 2014 年以来，中国人民公安大学（People's Public Security University of China）为反恐官员开设了专门的培训课程。此外，中国的私营安保培训机构如雨后春笋般涌现，在英国和以色列专家的帮助下，他们培训将要在国外开展业务的私人安保人员，但与目前的需求相比，这些还只是汪洋一瓢，微不足道。不断有中国私营安保公司在海外布局，说明这一现象的新颖性，也暴露出目前中国在安保领域缺乏一家领军企业的问题。自新千年伊始，好几家中国公司已经将他们的商业模式从地方性的安保公司——所谓的为富有客户提供保镖服务的公司——发展为在北京设有联络处的国际公司。

一些已经在国际舞台上崭露头角的中国私营安保公司，整合了当地和国外的混合资源。提供贴身保护和非武装安保服务的中国本土安保公司总数已经超过 5200 家，安保人员约有 300 万。其中，具备独立国际服务能力和经验的企业不足 30 家 [如华威安保（Huawei Security）、伟之杰安保（VSS）、中国安保（Chinese Security ZGAB）、德威（De Wei）、鼎泰安元（Ding Tai An Yuan）]。而与此同时，中国企业对保护性服务的需求日益增长，吸引了大量寻求与当地新兴私营安保公司合作的国际企业，如化险咨询（Control Risks）、杰富仕（G4S）和保赛固（Prosegur）。目前中国私营安保公司提供海外安全服务的能力还无法与国外顶级同行相媲美。不过中国国有企业仍倾向于雇用中国安保公司。而且在中国私营安保公司的能力达到高水平之前，与国际安保公司的合作被认为是"必要之恶"。只雇用中国私营安保公司的意愿，不仅与语言和文化敏感性有关，还源于"只有中国安保公司才能保护国有企业的机密信息"的这种观点。具有"中国特色"的私营安保公司会聘用前中国人民解放军（People's Liberation Army，PLA）人员、人民武装警察（People's Armed Police，PAP）或与国家安全机构有联系的中国安全官员。因此，人们认为只有本国私营安保企业才能保护国有企业商业数据完整。中国企业从中国投资银行获得海外投资资金的能力，远强于他们制定准确、持续的风险评估和应急计划的能力。除了油气行业之外，中国国有企业对研究安全问题缺乏兴趣，这种缺乏十分危险。中国企业仍然没有将反华暴力与政治和犯罪活动区分开来，就是个明显的例子。

　　目前，大部分进入"热点地区"所需的培训是为期3天的安全培训课程，课程不包括情报监控和分析。中国对提供安保服务的私营企业的要求，与美国在伊拉克和阿富汗冲突期间提出的需求方案（requests for proposal，RFP）大不相同。

与此同时，"一带一路"倡议中，获得中国技术和基础设施建设支持的弱小国家，往往没有足够的能力确保地方安全。因此，中国的基础设施和人员很容易成为有政治动机的反叛组织甚至犯罪团伙的猎物。但是大多数参与"一带一路"建设的中国国有企业和民营企业尚未充分意识到可能面临的各种危险。

当下，得出中国国有企业海外运营风险评估的类型所需的方法和信息包括以下内容。

首先，如果国有企业将在某地区开展运营，那么就需要了解该项目对该地区的影响。这一评估是整个国家风险预想的关键部分。在大多数情况下，疾病、地方纠纷和车祸造成的人员伤亡要多于通常的恐怖袭击。问题的根源不仅在于国有企业内部缺乏安全和风险管理人员，还在于中国企业在风险上与西方企业持有不同的看法。政治风险以及中国公民被绑架或杀害等事件可能在国内引发的社交媒体风波，最终使国有企业的风险意识水平得到提高。同时，深入了解具有中国特色的特定潜在风险，可以使特种保险公司和安保服务提供者更好地满足国有企业的实际需求。

有关中国对外直接投资的第一个特征是，与东道国开展的其他项目相比，它所涉及的项目规模往往更大。中国国有企业倾向于从一个项目迅速转到下一个项目，而企业为了努力适应当地的生活条件和习惯，每次都要经历一个困难的学习过程。同时，中国国有企业仅雇用中国工人，这些工人居住在工地附近墙围居住区内，这样的行为使当地民众产生了反华情绪。因为人们认为当地的工作岗位正在减少，并怀疑居住区内的环境在不断恶化。通常情况下，当地社区中有一小部分人会为中国企业提供商品和服务，而剩下的这部分人会由于人民币的突然涌入，而被排除在外，生活更加艰难。

中国企业管理层在准备投入下一个投资机会的同时，会对项目交付予以充分关注，但在项目实施前和实施过程中未能了解当地社区的情况。他们总是会产生东道国中央政府会维护他们的安全，并会出手保护他们的企业的错觉并严重地依赖于此。因此，当地社区中新创造出的赢家和输家的存在会助长反华情绪。由于投资被视为一项"资源消耗活动"，因此对当地社区利益攸关方进行风险勘测是一项必要的、不可避免的任务。

尽管中国政府已经承认了这些风险的存在，但安全风险往往被简单地描述为另一种恐怖主义威胁。毫无疑问，关于恐怖主义的新闻报道越来越多，但使中国投资面临更具有破坏性的威胁的是，由项目造成的紧张局势以及利用中国国企弱点的地方犯罪活动。

虽然国有企业雇用越来越多的中国私营安保公司能够提升"一带一路"的安全性，但仍有许多监管灰色地带需要应对。中国的私营安保公司需要一个适当的审查和认证程序，使它们有能力获得提供安保服务的机会。与此同时，在允许中国私营安保公司在海外开展业务之前，中国政府还需要出台一套切实有力的行为守则。而筛选核心竞争力是中国政府需要实施的第一步。

第二步与分析国有企业和服务提供商之间可能存在的利益冲突有关。对此，究竟由哪一个部门负责甄别工作，仍有待商讨。外交部、公安部以及其他几个部委都声称自己对私营安保公司的监督拥有管辖权。但从严格的法律角度上看，如果私营安保公司在国有企业的名义下发生暴行或者其他破坏行为，国有企业承担的责任仍然需要进一步界定。

另一个中长期问题与透明度有关，这个问题不仅会出现在提供安全服务期间，也会出现在国有企业、私营安保公司和不同的分包商之间的金融交易中。如果没有一套实用且可执行的明确规则和条例，那么追踪资产转移和资金情况几乎无法实现。

许多在全球范围内进行的金融交易源自国有企业总部以及区域分部之间，在一个巨大的银行机构网络中，这些都很有可能会被滥用。为了避免腐败、非法交易甚至洗钱计划，雇用私营安保公司的资金必须遵守严格的银行转账管理规定，以提高和加强透明度、强化问责制。然而，受国有企业所执行的拜占庭式会计准则（byzantine accounting regulations）的影响，中国私营安保公司市场的经济价值仍难以量化。中国的安全协会估计，"三姐妹"即中国石油天然气集团有限公司、中国石油化工集团有限公司和中国海洋石油集团有限公司（以下分别简称"中石油""中石化""中海油"）每年的油气海外安全支出约为20亿美元。

从对国外安保、国内安保或两者混合情况进行的雇佣有效性评估开始，每一个项目都必须考虑到当地的具体状况和需要。有时，完全雇用外国承包商可以产生极好的结果，消除来自当地激进分子的内部威胁。但在其他情况下，雇用外国安保人员可能会点燃激进化进程，而如果没有外来压力的涌入，激进化进程本可处于休眠状态。

在人力资源管理方面，中国安保行业仍在推行"恶性竞争"（race to the bottom），即依靠以低价为核心的竞争来降低成本，提高盈利能力。目前这种偏向低价竞标者的风气，须以提供高水平服务的商业文化取而代之。因此，必须培养合格、能得到高薪支付的安保职员，以此取代目前这种无法吸引人才的人力资源流程。

中国中央政府作为提高和加强中国私营安保公司效率和问责制的推动力量，正在推进私营安保企业的海外部署和国内安保行业改革。虽然中国私营安保行业的职能范围仍然有限，但以新加坡辅警为参照，辅警服务的发展前景并不难预见。在这种情况下，透明度和可靠的法律框架是长期保持高效率且经济的安保服务的基石。目前中国工人和基础设施建设所面临的危险已经向中国政府表明了一个事实——仅仅"向问题扔钱"并不总是最可行的解决办法。

中国对"一带一路"倡议沿线国家和地区的对外直接投资有所增长，这使得其在不久的将来面临国际危机问题的可能性增加。因此，中国企业和中国工人在国外所受威胁预计将会增加。中国国有企业、私营安保企业以及中国政府相关机构之间的有效合作模式，是保持"一带一路"倡议双赢局面的可行方案。如果采取适当措施，将成功降低"一带一路"倡议面临的风险。

如果不能及时了解、防范和化解上述风险，不仅会危及整个倡议，而且会危及中国的可持续发展承诺。

二、确保"一带一路"倡议

> 幻灯片中任何关于中国的简介所体现的价值都与简介中孙子语录的数量成反比。[毛文杰（Mulvenon）的"第三法则"]

具有中国特色的武装市场正在影响私营安保行业的供需。对私营安保公司的要求已经开始从西方到东方的转变。2016年的中国人员遇袭事件和中国基础设施遭破坏事件就清楚地表明了中国公司所面临风险的严重性。"一带一路"倡议对私营公司提供安保服务的需求与美国在大规模冲突中的介入截然不同。"中国的私人武装"是维持中国对外投资扩张的关键支柱，但整个行业迫切需要适当的法规、效率和专业性。

在中国驻吉尔吉斯斯坦大使馆，中国官员被袭击中国驻吉尔吉斯斯坦首都比什凯克（Bishkek）外交大楼的爆炸波冲击所震惊。尽管由于靠近阿富汗，吉尔吉斯斯坦向来是毒品和武器走私的首选路线，但这个前苏联加盟共和国从未显示出中国会遭受直接的恐怖威胁的迹象。2016 年 8 月 31 日下午，1 名自杀式炸弹袭击者试图在中国大使馆制造破坏。汽车炸弹的爆炸导致袭击者死亡和 3 名当地工作人员受伤。自从1991 年独立以来不安全感在这个年轻的共和国蔓延，对当地"基地"组织（Al-Qaida）和极端组织"伊斯兰国"（Islamic State，IS）的担忧日益增长，除此之外，这次袭击是中国在该地区遭受的首次公开威胁。

习近平主席于 2013 年提出共建"一带一路"，旨在促进中国与 60 多个国家的经济发展和交流合作。当前，"一带一路"发展势头正劲。然而，"一带一路"倡议并不对许多重大风险免疫，对于在海外经营的中国公司来说，在许多情况下这些风险是全新的挑战。

中国企业，包括参与"一带一路"倡议（英文原被标称为 One Belt One Road，OBOR）的国有企业[1]，必须应对任何在海外经营的公司都会面临的一系列新风险。

2013 年 9 月，中国国家主席习近平在首次访问中亚诸共和国时，宣布中国有意推行大规模投资政策的计划，强调在古代丝绸之路（the Silk Road）的辉煌中恢复中亚与中国关系的经济文化纽带，提倡复兴丝绸之路经济带（Silk Road Economic Belt）。虽然这一天正式标志着新丝绸之路倡议的开始与中国在亚欧大陆角色的重新定位，但中国向西方的转进（pivot to the West）早已植根于新疆维吾尔自治区的发展政策中。这些在江泽民和胡锦涛的任期内颁布的政策是"一带一路"倡议的基石，为习近平的愿景打下了基础。此外，中国转向西方也可以被视为先前启动的"西部大开发"（Great Development Program of Western China）[2] 规划的国际化进程。"西部大开发"旨在运用东部省份的成功经验建设西部边疆地区。

中国丝绸之路的"复兴"建立在货物自由运输、贸易壁垒消除、物流和能源基础设施现代化的基础上。

2014 年 3 月的中亚之行刚刚过去 1 年，习近平就通过访问欧洲内陆物流港杜伊斯堡（Duisburg）开启了欧洲之旅。他一心关注连接重庆物流港与德国杜伊斯堡的"渝新欧"（Yuxinou）国际铁路（发车频率为每周 3 次）。"一带一路"的铁路交通线使中国货物能更快地进入欧盟（European Union，EU）市场。同时，铁路货运在不到 3 周的时间内就能将欧盟制造的高科技零部件交付给中国工厂，而集装箱货船的平均运输时间为 5 周。

2015 年，中国国家发展和改革委员会（National Development and Reform Commission，NDRC，以下简称"发改委"）同外交部（Ministry of Foreign Affairs，MFA）、商务部（Ministry of Commerce，MOFCOM）联合发布了更新过后的《推动共建丝绸之路经济带和 21 世纪海上丝绸之路的愿景与行动》[田绍辉（音，Tian Shaohui），2015 年]。该文件给出了直到下一个五年规划（2016—2020 年）发布之前国有企业和政府官员都必须遵循的官方路线。中国如何逐渐重新发现自己在亚洲的角色，被详细记载在这份总结了"一带一路"倡议的关键点的文件中，关键点如下：

　　"一带一路"是促进共同发展、实现共同繁荣的合作共赢之路，是增进理解信任、加强全方位交流的和平友谊之路。中国政府倡议，秉持和平合作、开放包容、互学互鉴、互利共赢的理念，全方位推进务实合作，打造政治互信、经济融合、文化包容的利益共同体、命运共同体和责任共同体。

中国"一带一路"倡议的变革所散发的吸引力也离不开良好的政府治理和遍布欧亚大陆的机构建设。在欧盟方面，一些国家元首正式承诺支持"一带一路"倡议，以吸引更多持续增长中的中国的对外直接投资。然而，即便如此，在与中国建立密切的联系和评估"新丝路计划"（New Silk Road Initiative）长期的社会和政治影响方面，欧盟仍然没有制定共同的指导政策。欧盟需要中国的财政支持来完善基础设施建设以推动当地经济发展，这一点并未被持续的危机所掩盖。此外，欧盟更深入地介入、参与"一带一路"倡议可以消除亚洲国家和美国对隐秘的中国经济和政治雄心的潜在怀疑。俄罗斯已经开始朝着这个方向前进，正如弗拉基米尔·普京提出竞争政策——"钢铁丝绸之路"（Iron Silk Road）和欧亚经济联盟（Eurasian Economic Union，EEU）将"一带一路"

倡议视为一种合作机会而不是威胁[3]。从结果来看，这些计划的成功实施加上俄罗斯改革其治理体系和政治统治体系的能力，将使俄罗斯和中国成为尚未成熟的新全球秩序的重要议程制定者［科济列夫（Kozyrev），2015 年］。

从美国的角度来看，2015 年 11 月美国国务卿约翰·克里（John Kerry）的中亚之行，是自美国宣布从阿富汗战争中退出以来美国对中亚地区的首次高级别访问。尽管奥巴马总统已经证实，预计仍将留在阿富汗的美国军事人员不会减少［拉加万（Raghavan）等，2015 年］，但美国已经不再需要中亚军事基地。2014 年，随着北部配送网（Northern Distribution Network，NDN）公路和铁路军事补给运输路线的终止，美国和北大西洋公约组织（NATO，以下简称"北约"）在马纳斯（Manas，吉尔吉斯斯坦城市）和杜尚别（Dushanbe，塔吉克斯坦城市）附近的军事基地也随之关闭。随着这些军事基地的关闭，美国在中亚的外交政策不再秉持交换补偿的立场，即人权的作用必须与军事后勤的必要性相平衡。在外交政策方面，美国国务卿强调了中亚各共和国间的多向外交政策如何需要考虑美国的作用，以平衡来自邻国中国和俄罗斯的压力。不同于媒体公报，美国的主张既不能削弱中国在该地区的经济主导地位，也不能阻止俄罗斯投送其军事力量。而且以大量经济投资为后盾的美国政策可能会重回前美国国务卿希拉里·克林顿（Hillary Clinton）复兴古代丝绸之路的政策。

对努力促进区域经济一体化的冷嘲热讽源于地方精英们的看法，即美国发挥的作用主要是"会谈"（talk）而不是行动，同时也源于美国虽然几乎没有为谈判提供任何切实的投资，却成为比中亚各国政府区域合作更热心的拥护者［费根堡（Feigenbaun），2015年］。

在"一带一路"倡议行动计划公布后，中国与其伙伴国家之间的出口总额增长了26%，总值在2015年年底达到4800亿美元。从某种意义上来说，中国基础设施建设的优势离不开便捷可用技术专长，以及迅速的融资。据中国商务部统计，"一带一路"沿线建设的新经济合作区总价值已经超过200亿美元（安永，2015年）。然而，那些获得中国技术和基础设施，或授予中国国有企业自然资源开采权的弱小国家，往往没有能力确保充分的当地安保措施。因此，中国建设的基础设施和相关人员很容易成为有政治动机的反叛组织，甚至成为那些认为中国公民是"高价值猎物"的犯罪团伙的目标。

尽管中国能源行业的国有企业在采用高标准安保服务方面在一定程度上已经比较成熟[4]——由于之前在非洲的经验——但参与"一带一路"倡议的大多数其他国有企业仍然没有意识到迫在眉睫的危险。

最近发生在2016年的袭击事件清楚地说明了中国公司面临风险的严峻性。然而，中国政府尚未出炉一套合适的解决方案，甚至参与"一带一路"基础设施项目的几家国有企业之间都没有进行讨论。机遇在于，如果采用适当的措施加以解决，这些风险可以成功地被缓解。而危险在于，如果不能及时解决这些风险，那么它们不仅会危及整个"一带一路"倡议，而且还会危及中国在其他方面的经济利益和倡议。

这个问题并非没有引起中国政府的关注。在过去的5年里，中国人民解放军海军（People's Liberation Army Navy，PLAN）通过将中国公民从海外热点地区——如利比亚（2011年）和最近的也门——撤离，已经展示了成熟的危机管理能力。在也门危机中，中国驻该地区外交使团与在亚丁湾行动的海军军舰共同努力，在将数百名中国公民从也门转移到吉布提之前，成功地确保了他们的安全。从热点地区撤离公民通常不是可行的解决方案，因为政府必须承受财政和政治负担。因此，雇用小规模私营部队似乎在效率、效益和经济方面直接有利。几年后，位于北京的中国人民公安大学开始认真考虑采用国际专业反恐知识来培训官员。在英国、以色列、南非和荷兰等国专家的支持下，私人安保培训在中国主要城市——从北京到深圳——蓬勃开展起来。自 2010 年以来，几家中国私营安保公司的业务模式已经从地方性的安保服务提供者——即所说的富裕客户的保镖——发展到在北京设有联络处的国际安保公司。目前，中国私营安保公司数量的增加反映了市场对安保力量的需求激增。同时，缺乏一家领军公司也很好地显示了这还是个新兴现象。

虽然非传统安全威胁被认为只是"一带一路"倡议的部分特征，但在很多拥有大量中国投资的国家，其他几种危机也可能会出现。这可能将会包括当地工人和中国工人之间的社会冲突、环境退化以及围绕着中国企业明显缺乏企业社会责任感的争议。尽管海运被认为是不久的将来主要的货运形式，但中国通过与欧盟间总长达 12 000 公里的铁路网推动的陆路连通的复兴，出于政治、经济和安全方面的考量，将在范围和规模上不断扩大（阿尔杜伊诺，2014 年）。此外海上丝绸之路沿线的动乱爆发点也很多，包括索马里海岸和马六甲海峡附近的海盗活动。

因此，如果不及时解决几个威胁安全的因素，"一带一路"长期倡议可能会受损害。外生因素包括中亚国家之间的区域社会经济一体化、阿富汗稳定所面临的难题以及日益增长的对自然资源的经济竞争。同时，内生因素包括新疆维吾尔自治区的稳定，新疆的稳定是"一带一路"倡议的关键支柱。所有风险中最重要的、需要最先被考量的是对中国企业和驻外中国工人的安全威胁正在增加。这些威胁包括常见的犯罪活动（如抢劫、敲诈）、绑架勒索以及对人员和基础设施的恐怖袭击。"一带一路"覆盖了广阔的地理区域，包括海路和陆路，这使得状况更加复杂。中国公司的任务不是向孤立的热点地区或其他孤立的受关注地区提供安保服务，而是在整个"一带一路"倡议的运作区域内提供安保服务。因此，计划参与"一带一路"的中国公司迫切需要开展风险评估工作，并制定相关的危机管理程序。

"一带一路"的发展正迫使中国的"银行外交"，不得不去和参与该倡议的国家进行更广泛的政治和安全接触。而且20世纪中叶建立的西方多边政府和合作机制并不是为了跟上经济和社会的快速发展而设计的。在这方面，过去20年见证了地缘政治平衡翻天覆地的变化。

鉴于此，中国正在加强其在多边组织运作中的经济外交和信心建设。最近的努力因成立亚洲基础设施投资银行（Asian Infrastructure Investment Bank，AIIB）而达到巅峰，该银行得到了 57 个成员国的支持。同样，在 2015 年的欧亚经济联盟峰会期间（新华社，2015 年），莫斯科正式认可北京是"一带一路"关键地区，即中亚地区的领先经济体。在过去的 10 年中，中亚的地缘战略地位和丰富的自然资源吸引了大量的中国投资，该地区逐渐被拉入中国经济的影响范围之内，但俄罗斯仍然保持着安保方面的垄断地位。此外，阿富汗和平进程影响着该地区的整体安全关系。俄罗斯接纳克里米亚地区点燃了乌克兰危机，之后，俄罗斯联邦加强了与中国的经济、政治和安全联系。雇用俄罗斯志愿者支持乌克兰独立派人士也突显了另一个市场机会。现在，中国国有企业也可能雇用训练有素的前俄罗斯军事人员。两家俄罗斯公司已经在中国香港设立办事处，以促进其在中国内地的安保服务业务。与其他国际私营安保公司相比，俄罗斯公司的销售策略相当直截了当："仅需要西方安保公司开价的一小部分，你就能雇用它们的俄罗斯同行。"[5] 另外，在涉及中亚的业务中，掌握俄语是一项额外的加分项。

尽管途经中亚连接中国和欧洲的新铁路线正牵引"一带一路"陆路倡议，但是在该地区运作的中国国有企业将面临的危机数量却在相应地增加。这些威胁包括地区政治和社会不稳定，如塔吉克斯坦和吉尔吉斯斯坦之间的边境冲突，和奥什发生的吉尔吉斯种族暴力事件（2010 年），以及在中国国有企业工人和当地民众之间不断增加的抗议和暴力行为，如阿克托盖（Aktogay）铜矿事故（哈萨克斯坦，2015 年）。

关于欧亚大陆桥（Eurasian Land Bridge），中亚和南亚不仅将在平衡大国方面起主导作用，而且将迫使中国在区域安全问题上采取更加坚定的立场。中国在该地区的总体战略包含了不同的角色，从能源安全维护、区域经济一体化、水资源管理到反恐措施等。十多年前，中国与刚刚独立的各中亚共和国开展了长期战略合作，目前它正显示出影响力。这并不意味着俄罗斯或美国已经完全被中国替代。但是中国发展投资项目的战略能使双方都真正受益，而且它避开了关于国内政治事务的讨论，这使中国成为一个越来越有吸引力的外国合作伙伴［奥尔库特（Olcott），2013 年］。

值得注意的是，2015 年是中阿建交 60 周年。因此，"一带一路"倡议包括阿富汗在内，阿富汗不仅作为中国的邻国参与"一带一路"，它同时还是多个经济项目的关键参与者。不仅是中国，俄罗斯和邻国都担心喀布尔（Kabul）对该国安全方面控制力的迅速恶化将破坏南亚和中亚的稳定，增加宗教极端主义的机会［伯尼科夫（Bortnikov），2015年］⁶。阿富汗的不稳定性使中国对该地区的直接投资蒙上了一层阴影，特别是价值630亿美元中巴经济走廊也受到影响。在喀布尔政府突然垮台的情况下，破坏性的连锁反应不仅会影响中国在中亚和自身西部边界更多的经济投资，而且还会波及欧盟。不过，"一带一路"倡议还需要在海上航线和陆地运输线方面都进行广泛的安全考量。

如前所述，中国对私营公司提供的安保服务的诉求，与美国在伊拉克和阿富汗冲突期间所要求的服务有很大不同。由于对私营安保公司服务的需求日益增长，中国私营安保公司的演进将成为未来几年的一个重要特征。

在过去的15年中，全球范围内混合型冲突和恐怖主义威胁的增长日益为新一代国际私营军事安保公司的发展提供了肥沃的土壤。目前，中国安保市场资金规模的增长，远远超过西方工业化国家不断收缩的可用于投资私营安保行业的预算。因此，私营安保公司进入中国市场的国际竞争十分激烈。然而，这些全球私营安保公司仍然存在一个共同的难题，这难题源于他们迄今为止仍采用的"一刀切"做法。这背后一个关键问题是他们没有考虑到中国国企的运营文化。在克服与中国企业交往中固有的文化障碍方面，他们相对缺乏经验，因此常常错失机会。同时，中国私营安保公司面临的学习任务非常紧迫。此外，非不可抗性因素导致的失误，如"翻译中的语意误差"，在该行业不会被给予第二次机会。

恐怖主义和暴力犯罪的威胁并不局限于"一带一路"。在中国公司经营所在的国家，其他危机也可能会出现。当地工人和中国工人之间的社会冲突激化，或者是由于企业社会责任的完全缺失而引发的矛盾，例如环境恶化，可能导致潜在的摩擦。因此，中国私营安保公司朝能够提供安全评估、情景规划、危机预防和缓解的有效模式演变是促进长期的国际经济合作和可持续发展——这也是"一带一路"倡议的核心——的关键要素之一。造成国内外中国公民丧生的致命恐怖袭击也提高了公有和私营安保力量提升培训和情报收集的意识。自 2014 年以来，位于北京的中国人民公安大学[7]正式为反恐官员开设了专门的培训课程。

三、中国特色的安保私有化

为了支撑国内不断增长的对自然资源的需求，中国拓展了对外投资，这让中国在不久的将来可能面临的国际危机的规模扩大。因此，针对在国外经营或工作的中国企业和中国工人的威胁预计将增加。获得中国技术和基础设施或授予中国国有企业自然资源开采权的弱小国家并没有能力确保足够的安全。所以中国的基础设施和工作人员很容易成为有政治动机的反叛组织的目标，甚至成为那些认为中国公民是"高价值猎物"的犯罪团伙的目标。与此同时，中国的经济外交和互不干涉政策正逐步转向以更加坚定自信的姿态处理国际事务。在争夺碳氢化合物和其他自然资源的竞争中，中国在几个不稳定地区进行了大量投资。此外，2012年苏丹叛乱分子绑架29名中国人的事件，很好地凸显了一个趋势：中国政府不久将采取严肃对待的态度。

尽管安保服务私有化的兴衰周期并不鲜见，但针对中国私营安保公司的研究仍然充满不确定性。"具有中国特色的私营安保公司"将深刻影响安保行业的布局，而且尽早采用国际商定的规则和条例将促进透明度、有效率和可持续发展。

如果不将中国纳入国际行为准则约束范围，历史可能会重演，就像非洲后殖民战争期间发生的那样——接受过高度专业训练但不负责任的雇佣兵给战争带来了深刻的负面影响。

与美国相比，中国没有卷入大规模冲突，目前也没有必要将战区的后勤和基础设施服务外包出去[8]。不过，在全球不同地区开展安全保护和紧急疏散的需求正促使中国政府正式将各种安保服务私有化。阿富汗、埃及、利比亚、巴基斯坦、伊拉克和苏丹的许多危险地区都存在着中国投资和显而易见、迫在眉睫的危险这一对不稳定的组合。

此外，在过去几十年中，从南美到苏联各前加盟共和国，以外国企业首席执行官和专业技术工人为目标的绑架和勒索（kidnapping and ransom，K&R）[9]已经成为一项有利可图的业务。随着中国成为世界经济的领头羊，有理由推断，针对中国国有企业首席执行官和世界各地富有的中国游客的绑架案将有所增加。

由于中国籍境外服务人员和国有企业在海外工作和运营，中国正需要将早在几年前由石油和采矿行业开始的雇用私营安保公司的趋势正规化。

如下两个关键点可界定中国私营安保公司在保护中国

对外投资和中国公民方面所产生的不同影响：一是中国经济实力和国有企业对国际私营安保市场的影响；二是国际社会希望中国在安保市场私营化的过程中遵守共同定义的规则和界限。

战争 / 冲突	合同工雇佣兵	军队	比例
独立战争	1 500	9 000	1:6
美墨战争	6 000	33 000	1:6
南北战争	200 000	1 000 000	1:5
第一次世界大战	85 000	2 000 000	1:20
第二次世界大战	734 000	5 400 000	1:7
朝鲜战争	156 000	393 000	1:2.5
越南战争	70 000	359 000	1:6
海湾战争	5 200	541 000	1:100
卢旺达 / 索马里 / 海地	无记录	无记录	无记录
巴尔干战争	5 000—20 000	（不一致）20 000	最高 1:1.5
伊拉克战争	95 461	95 900	1:1
阿富汗战争	112 092	79 100	1.42:1

来源：美国国防部分管采购、技术与后勤的副部长办公室（Office of the Under Secretary of Defense for Acquisition, Technology and Logistics），https://www.acq.osd.mil/dpap/pacc/cc/history.html

这两个变量的重要性不仅与安全活动有关，还涉及更广泛的内容，包括为那些受益于丰富自然资源但依赖于脆弱的国家结构的国家缔造和平。让中国私营安保公司遵守国际公认的行为准则也将提高效率，并有利于监督。同时，行为准则能使国际社会和中国直接对外投资的接受者推动问责制建设和可持续发展。

从支持东盟成员国或中亚国家到避免多边冲突，中国政府在塑造国际制度上施加经济影响的例子已经十分常见。虽然中国日益增长的经济实力似乎正在主动影响政治成果，但中国国有企业作为中国和国际私营安保公司的主要承包方的作用，似乎与目前隐藏的政治议程没有联系[10]。与此同时，西方观察员和一些报道倾向于指出中国私营安保公司的员工——无论是在管理层面还是实战层面——以前都与解放军有联系。最高管理层以往在军队中的经验不仅被视为商业合作的来源，而且也被认为是解放军和中央政府支持中国在海外扩大安保区域的前沿。

四、雇用私营安保公司的中国方式："摸着石头过河"

在不考虑海外华裔社群的情况下，全世界中国工人超过
100 万，中国外交部负责绘制外派劳务人员的分布图。这本身
就是一项艰巨的任务，何况还要考虑到有大量工人在充满不
确定性的地区工作，例如中国冶金集团在阿富汗梅斯艾纳克
（Mes Aynak）的铜矿区、中国国家石油公司在南苏丹共和国
（以下简称"南苏丹"）的油井区、华为和中兴在埃塞俄比亚
建设的通讯网络，以及中国五矿集团在朝鲜靠近中国边境的
矿区。

一些中国私营安保公司出现在国际舞台上，它们综合
运用了本地资源和国外资源。这种组合会随着每一具体需求
变化，而这很大程度上取决于在风险评估和武装人员调度方
面所需的外国知识和技能。中国的私营安保公司——除去
极少数与海上安全有关的例外——被外交部禁止雇用中国
籍武装雇员。此外，这一趋势还与中外工业合资企业（Joint
Ventures，JVs）有一些相似之处，这类企业体现了过去 30 年
中国国内生产总值两位数增长的动力因素。同样，中国的私
营安保公司也将运用外国的专业知识和最佳的实践，与同国

有承包商接触时受到优待相结合。正如在中国几个受益于外国技术转让的行业中已出现的那样，主要的问题是中国的私营安保公司何时会有足够的信心拒绝外部帮助，只利用本地资源。

因此，可以假设"中国制造"私营安保武装力量的学习曲线将类似于采用西方技术转让和外国工人最佳实践以达到国际标准的中国合资企业的曲线。如果不考虑追上国际效率标准所需要的时间，用私人安保公司时就会出现另一个问题。"只与中国私营安保公司合作"虽然在价钱方面比其西方同行实惠，但很可能会引发"恐惧中国人"（Chinese fear）综合征。举例来说，在一些地区如中亚，自沙皇时代起当地人就对中国工人心怀怨恨（阿尔杜伊诺，中国在中亚。新的经济、安全和物流网络，2015 年），雇用中国私营安保承包商会被理解为与人民解放军有联系或是至少得到了政府的官方认可。所以就长期而言，经济和政治上的负面溢出可能超过短期的财务收益。

不过，有一个关键点已经很清楚了：尽管中国外交部和中国的保险公司仍在就雇用中国的私营安保公司产生争议，越来越多的本地和国际安保公司都觉察到了一个获取高额利润的商业机会。此外，中国企业不断增长的不稳定性和对保护性服务的需求也吸引了大量寻求与新兴地方私营安保公司开展合作的国际参与者。

最近几波中国私营安保公司的浪潮可以从宏观层面分为四大类：

1. 注重基本人员近身保护和信用恢复的中国企业。

2. 从第一类发展而来的中国企业，有能力提供更多的专业服务，包括知识产权保护、企业安全、人力资源安全管理和装甲后勤保护。

3. 与国外公司合作，在国际安保服务、风险评估和给中国保险公司提供海外支持方面，为中国投标者提供落地的投标支持的中国企业。

4. 与中国外交部和大型国有企业合作且具有成熟的国际安全服务业背景的中国企业。

第一大类涉及数千家公司，这些公司从如下一些因素中受益：廉价劳动力，与警察和军队官员之间的市级或省级的联系，以及由于缺乏对安保业务领域的精确监管而带来的有利环境。但这一不断增长的业务部门并没有被忽视，更大规模的玩家也将进入这个市场，例如电子零售巨头国美计划在中国开办一个专业保镖培训机构。

此外，由于中国品牌越来越需要开展知识产权保护和企业反间谍工作，第二大类正在快速发展，这些中国品牌开始凭借具有竞争力和创新性的产品在国际舞台上得到认可，而不再仅因"中国制造"所代表的廉价和低质量而为人所知。该大类——诸如深圳市东方锐眼风险管理顾问有限公司（Keen Risk Solutions）——让人们瞥到了更为复杂的市场趋势，但是这类公司与那些将要发展成完全的私人安保公司的企业鲜有关联。化险集团这类全球玩家已经在中国设有办事处，提供反贿赂和反腐败政策咨询以及企业并购（Merger and Acquisition，M&A）风险评估等服务。

第三大类包括许多不同类型的公司，因为存在一系列不同的变量，包括与大型国有企业、国防部、财政部和银行和保险部门的强大关系网络，这些公司正准备跃升为第四大类——成熟的私营安保公司。该类公司已开始与国际私营安保公司进行初步接触，旨在更新其知识库以及提升总体国际能力和风险评估能力。一些公司，比如上海的锦炜保安服务有限公司（Jin Wei Security），与英国 NGS（NORTHCOTT GLOBAL SOLUTIONS LTD）公司合作，在低安全威胁的地区为中国企业的首席执行官们提供海外出差期间的跨国安全服务。在 2015 年米兰世博会期间，锦炜安保人员为现场参观意大利世博会的中国贵宾提供了非武装安保、当地司机和紧急医疗撤送服务。与此同时，制约他们成长的主要因素并不是缺乏合适的客户，而是某些内部缺陷，诸如缺少经过恰当培训的国内人力资源，尤其缺乏那些具有风险评估能力、掌握后勤专业知识、熟悉外国文化和语言等的人才。此外，缺乏风险管理、员工不享受保险和在危险区域工作的佣金不具有吸引力等几个因素也共同制约这些公司的国际扩张。外国专家也将这一批评转移到更成熟的中国私营安保公司身上，强调过分关注削减成本会导致高风险接受行为［埃里克森（Erickson）和科林斯（Collins），2012 年］。目前，只有平安等主要保险公司在积极研究风险和威胁管理。在不远的将来，中国的保险公司将在安保市场上占有相当大的份额。

第四大类的公司也在增长，尽管增速略慢于其他三类。在安保市场已经发展成熟的众多公司中，有一些十分有趣的公司，如负责中海油在伊拉克和阿富汗的安保职责的北京伟之杰保安服务股份有限公司（VSS Security Group）；在热点地区与外国公司合作提供包括绑架勒索保险与全球反应等

服务在内的华威保安服务公司 [11]；主要在伊拉克和阿富汗
运营的国际安全防御有限公司鼎泰安元（Ding Tai An Yuan
International Security & Defense Limited，DTAY）；与国际公
司，特别是总部在新加坡的公司在反海盗方面合作的华信中
安保安服务公司（Huaxin Security Company），它也代表中国
远洋运输集团（COSCO，以下简称"中远"）海运公司为在
危险的运输线上作业的船只配备了武装警卫等密切保护；以
及负责保护从埃塞俄比亚到伊拉克的中国石油和天然气产业
的北京德威安全服务有限公司（De Wei Security）。规模更大
的国家级私营安保公司，如目前安保人员突破了 20 万的戎威
远保安服务有限公司（RWY），也在中亚与南亚寻求与当地私
营安保公司合作的机会。

　　这一大类没有一个成熟的领头羊，也没有承诺——在当
下这一时期——相互合作与分享经验，以改善整体形势。一
些国际公司已经在中国设有办事处，与当地合作伙伴签订优
惠协议，甚至在中国法律管辖之下注册了企业，西班牙国际
安全公司保赛固（Prosegur）在上海的运营即是一例。其他
几家公司更倾向于在境外支持中国内地私营安保公司开展工
作，例如在北京注册为物流服务提供商的香港公司先丰服务

集团，从该集团董事长埃里克·普林斯——原黑水公司的创始人——的经验中受益（普林斯和科伯恩，2013 年）[12]。

根据凤凰国际智库（Think Tank Phoenix，PTT，2016 年）与北京清华大学合作发表的一项研究，中国十大安保公司排名如下：

1. 杰富仕安保公司
2. 化险咨询
3. 北京德威安全服务有限公司
4. 中保华安集团有限公司
5. 华信中安（北京）保安服务有限公司
6. 上海中城卫安保服务集团有限公司
7. 北京鼎泰安元安全防范技术研究院有限公司
8. 深圳中州特卫安全顾问有限公司（Shenzhen Zhongzhou Tewei Security Consultant Co. Ltd.）
9. 北京冠安安防技术开发公司（Beijing Guanan Security & Technology Co. Ltd.）
10. 山东华威保安集团股份有限公司

最后一组中的公司提供的服务包括在大型能源和基础设施项目建设期间保护工人营地、确保中国航运公司船舶和物流中心的安全，以及在公司领导和高薪员工国外出差时保证其人身安全。

它们丰富的服务可以概括为：

·风险评估：提供安全报告，以便开展公司业务可行性研究和政府强制性安全评估

·风险管理：监测中国涉足范围的政权演变和当地利益相关者的反应，应对日常风险和威胁

·风险缓解：应对持续的危机，为受伤人员提供医疗撤离，并与中国外交部合作疏散中国公民

·风险转移：支持保险公司寻找适当的合作伙伴分担风险负担

·提供中国公司海外办事处的安全合规审计报告

·培训安保人员和公司员工

虽然过去十年里，对中国人民解放军参与中国本地商业活动有所限制，但国有企业在制定外交政策方面的影响力却日益增强。特别是随着私营安保公司被雇用，这一趋势将发展出更加精巧的结构。随着最近军队内部反腐败运动的进行，习近平主席完成了一项长期的改革，即将解放军从中国发展过程中的企业相关方面分离出来。1929 年，在古田会议

上，毛泽东尽全力肯定了党对军队的绝对领导。继毛泽东强调"党指挥枪，而决不容许枪指挥党"[13]之后，同样担任中央军事委员会（Central Military Commission，CMC）主席的习近平从内部开始对军队进行结构性改革。为了将改革与毛泽东的传统相联系，习近平在福建省古田市举行的一次党的会议上宣布了改革的目标。自旨在打"老虎"和拍"苍蝇"的反腐败运动开始以来，许多高级和低级官员落马。同样，中国人民解放军的一些干部也受到反腐倡廉行动波及。2014 年和 2015 年，反腐行动达到高潮，当时中共中央军委的两名重要成员徐才厚和郭伯雄分别被逮捕。毫无疑问，精简机构并改组成规模更小但更灵活的军事组织将有利于解放军的发展。因此，一个现代化、可操作的绝对忠于中国共产党的军事机器将支撑中国作为一个大国的主张［格鲁斯曼（Grossman）和凯斯（Casc），2016 年］。

与此同时，所谓的私营化进程已被引向效率更高的公共部门。在公共领域，国有企业仍然受益于政府的支持和国有银行的优惠信贷额度。因此，随着中国人民解放军所拥有的经济力量下降，以及尚未成熟的"军工复合体"（military industrial complex，MIC）的力量日益增长，在不受军队直接影响的情况下，对主要国有企业的权力分配将增加大量干预国际政策形成的机会。

目前，私营行业的安全标准是由西方公司制定的，但随着市场需求和环境的变化，可以假设成熟的中国公司能够吸引合格的人才，并培养自己的中国人才。这些公司必须建立明确的运营安全参数，从提供医疗援助、提高紧急疏散能力以及平衡长期战略与短期问题解决开始。一个经批准、通过标准化认证的中国行业协会将有助于改善市场和运营环境，也能将从在危险地区投资到企业领导者差旅风险的所有变量纳入考虑范围。与此同时，希望成为领先安保服务的私营安保公司必须认真考虑自身组织吸收新资质的能力，国际私营安保公司花费数十年的时间，犯了许多代价高昂的错误来发展这项能力。所以适应性和组织学习是新式中国私营安保公司的关键支柱之一。从中国工业部门的历史可以推断出，只要一个领先的私营安保公司在其同行中得到认可，激烈的人才竞争就会开始。目前在私营安保领域，外语流利、接触过国际环境的中国经理是稀缺的人才，而且平均而言他们的工作经历不满五年。在全球范围内以指数级增长的同时实施新的变革，这将是一个巨大的挑战，而且在安保领域，试错的过程可能会由于因危机处理不当产生的负面外溢而代价高昂。此外，一些中国私营安保公司强调[14]，外国安保公司，主要是英国公司，不仅在风险评估和情报收集方面，而且在处理日常劳动力问题方面，都有着更好的与当地居民沟通的经验。从非洲到中亚和远东等许多不同地区，中国企业盈利能力受到的几大威胁来自内部，而且主要与当地劳动力和中国劳动力之间的问题有关。

中国工人关注加班和绩效奖金，他们通常在国外工作一年，只在春节期间回国，因为他们的主要目标是尽可能地利用他们唯一的收入来源，即长时间的工作。习惯于不同就业环境的当地劳动力将中国工人视为对他们生活方式的威胁，并认为中国工人可能会破坏他们周围的环境。通常，为提高工资而进行的小规模罢工，会导致大规模集会和对中国基础设施和人员的暴力反抗（英国广播公司，2012年）。

同时，私营安保公司的新角色还可以促进该领域新技术的创造和应用。无人机识别技术与专业的私营安保公司提供的卫星数据收集配套，不仅可以促进国有企业的风险评估和战略制定，还可以为其他不需要人员培训或硬件维护的私营安保公司提供负担得起的专业服务。此外，提供这种专业支持的中国私营安保公司不需要克服语言和文化障碍，从而避免语言和文化障碍中"翻译的语意误差"危及整个项目。

在不久的将来，具有"中国特色"的私营安保公司将成为学术界日益关注的一个课题，它不仅会在与武装力量垄断私有化直接相关的领域，而且会在许多相互交织的领域——从国际法到国防经济学和和平建设——受到越来越多的关注。中国私营安保公司在安全领域发挥的作用正在增强，这不仅将影响到安保领域的参与者，而且将影响到整个安保领域，其影响远大于单纯的结果叠加。不过，新式的私营安保公司将保留之前市场导向的安保公司的部分优势，包括提高效率和成本效益，以及增进面对复杂和快速变化的环境的灵活性。尽管先前一些优势——诸如在国际语境下公开否认使用武力——会受到中国企业特有性质的影响。一个"全是中国人"（all Chinese）组成的运营团队会被当地人认为与中国政府有关。也许人们会更多地考虑不同的体质特征，而不是已经证实的与北京国际议程之间的联系。尽管安保服务私有化的兴衰周期并不是什么新鲜事，但是对中国私营安保公司的研究仍然具有高度的不确定性，这种不确定性不是源于对私营安保公司活动的周密掩盖，而主要是因为这股潮流在中国才刚刚兴起。在当地的安保服务提供者之间缺乏沟通和协调正是进一步的证明。虽然当地私营安保公司的成熟时间仍不明确，但目前有必要让中国参与制定共同商定的国际规则。此外，采用国际通用的行为准则不仅有利于提高中方公司的应急能力，而且有利于改善接受中国直接对外投资的发展中国家的处境。

一家成熟的中国私营安保公司，了解安全环境复杂性，将能够发现和应对非国家武装力量的威胁，避免和管理由国有企业投资负溢出造成的危机。

因此，在早期阶段让中国参与到增加透明度、完善问责制的国际努力中非常必要。此外，新式中国私营安保公司必须提供不仅有利于客户而且有利于国际社会的服务，即不在武力垄断方面取代国家机构的地位的情况下，促进弱国结构性的发展。

注　释

1　丝绸之路经济带与 21 世纪海上丝绸之路合称为"一带一路"倡议。"一带"指的是倡议的海上部分，"一路"指的是途经中亚连接中国与西方的陆路——古代丝绸之路。

2　中国西部开发，http://www.chinawest.gov.cn/web/index.asp

3　《俄罗斯联邦和中华人民共和国关于发展新时代全面战略协作伙伴关系的联合声明》（"Joint Statement of the Russian Federation and the People's Republic of China on the New Stage of the Comprehensive Strategic Partnership of Cooperation"），克里姆林宫网站，2014 年 5 月 20 日，http://kremlin.ru/supplement/1642

4　作者对参与油气公司的安保服务的国际安全咨询员的访谈。北京，2014 年 11 月。

5　作者对中国安全与国际安全专业学者的访谈。上海，2016 年 6 月。

6　俄罗斯联邦安全局局长亚历山大·博尔特尼科夫（Aleksandr Bortnikov）就极端组织"伊斯兰国"对中亚和独联体（Commonwealth of Independent States，CIS）威胁的增长表示，"对阿富汗紧张局势升级的重大关切……在'伊斯兰国'旗帜下……"《俄罗斯联邦安全局：将部分塔利班转移到非冲突区导致他们入侵中亚的威胁有所增加》，塔斯社（TASS），2015 年 10 月 28 日，http://tass.ru/politika/2384331

7　中国人民公安大学反恐研究中心主任梅建明说，"我们迫切需要培育反恐专家，以提高我们预防和打击恐怖主义的能力，以应对严重的恐怖主义事件"。该中心是中国第一家培训反恐专家的机构。《中国公安大学培训反恐专家》，作者张伟，载《中国日报》，2016 年 3 月 25 日，http://en.ce.cn/main/latest/201603/25/t20160325_9802767.shtml

8　美国中央司令部于 2015 年 1 月报告称，54 700 名私营安保公司雇员在本司令部责任区为国防部工作。http://www.acq.osd.mil/log/ps/reports/centcom%20census

%20 reports/5a_ary2015.pdf

9　"绑赎市场……在 2006 年时市值规模约 2.5 亿美元，到 2011 年它翻了 1 倍……"
　　《经济学人》；熊彼特商务和管理专栏（Schumpeter Business and Management），
　　《绑架和赎金保险。我是客户……让我离开这里。》（"Kidnap and Ransom
　　Insurance. I'm a client ... get me out of here."），2013 年 1 月 27 日。http://www.
　　economist.com/blogs/schumpeter/2013/06/kiddap and ransom insurance？ fsrc=rss

10　作者对在中国经营的国际私营安保公司运营商的访谈。北京，上海，2016 年
　　6 月。

11　"华威提供国内服务，但它于 2010 年 10 月在北京开设了'海外服务中心'。该
　　公司关于该中心开放的声明明确指出，美国军队从伊拉克撤军以及该行动导致
　　安全真空的可能性，是决定瞄准伊拉克市场的关键驱动力。"埃里克森和柯林
　　斯，2012 年。

12　"批评人士可能质疑我公司的策略，但到目前为止，还没有人怀疑我们的业绩。
　　在大约五万起完成的私人安全保卫任务中，对于我们照料的人，我们从未遭受
　　过一次人员死亡或严重受伤。"普林斯和科伯恩，2013 年。

13　毛泽东，《战争和战略问题》，中国共产党第六届中央委员会第六次全体会议，
　　1938 年 11 月 6 日。

14　对在伊拉克运营、保护中国石油公司基础设施的北京私营安保公司经理的采
　　访。2015 年 2 月。

参考文献

Arduino, Alessandro. 2014. *The New Silk Road*. ECRAN, Short Term Policy Brief No. 9, May. http://eeas.europa.eu/china/docs/division_ecran/ecran_is114_paper_91_the_new_silk_road_alessandro_arduino_en.pdf. Accessed 2015.

———. 2015. China in Central Asia. A New Economic, Security and Logistic Network. In *China's Power and Asian Security*, ed. Mingjiang Li and Kalyan M. Kemburi, 216. New York: Routledge.

BBC. 2012. Zambian Miners Kill Chinese Manager During Pay Protest. *BBC*, August 15. http://www.bbc.com/news/world-africa-19135435. Accessed 2015.

Bortnikov, Aleksandr. 2015. FSB: Moving Part of the Taliban to DZ Resulted in Increased Threats to Their Invasion of Central Asia. *TASS*, October 28. http://tass.ru/politika/238433. Accessed 2016.

Erickson, Andrew, and Gabe Collins. 2012. Enter China Security Firms. *The Diplomat*, February. http://thediplomat.com/2012/02/enter-chinas-security-firms/. Accessed 2015.

EY. 2015. Navigate the Belt and Road. Financial Sector Paves the Way to for Infrastructure. *EY*, August. http://www.ey.com/Publication/vwLUAssets/EY-navigating-the-belt-and-road-en/$FILE/EY-navigating-the-belt-android-en.pdf. Accessed 2016.

Feigenbaun, Evan A. 2015. Secretary Kerry's Visit to Central Asia. *Carnegie Endowment for International Peace*, November 1. http://carnegieendowment. org/2015/11/01/us-central-asia-secretary-kerry-s-visit/ikvj. Accessed 2016.

Grossman, Derek, and Michael Case. 2016. Xi's Purge of the Military Prepares the Chinese Army for Confrontation. *RAND*, April. http://www.rand.org/blog/2016/04/xis-purge-of-the-military-prepares-the-chinese-army.html. Accessed 2016.

Kozyrev, Vitaly. 2015. China and Russia Multiply Efforts in Global Agenda-Setting. *Jamestown Foundation*, October 2. http://www.jamestown.org/programs/chinabrief/single/?tx_ttnews%5Btt_news%5D=44450&tx_ttnews%5BbackPid%5D=789&no_cache=1#.Vl_VIp0Z6Hs. Accessed 2016.

Olcott, Martha Brill. 2013. China Unmatched Influence in Central Asia. *Carnegie Endowment for International Peace*, September 18. http://carnegieendowment. org/2013/09/18/china-s-unmatched-influence-in-central-asia-pub-53035.Accessed 2016.

Prince, Erik, and David Coburn. 2013. *Civilian Warriors: The inside Story of Blackwater and the Unsung Heroes of the War on Terror*. London: Penguin.

PTT. 2016. Haiwai anquan guangli baogao. *Phoenix*. http://pit.ifeng.com/event/special/

haiwaianquanguanlibaogao/

Raghavan, Sudarsan, Sayed Salahuddin, and Mohammad Sharif Obama. 2015. Obama Outlines Plan to Keep 5,500 Troops in Afghanistan. *Washington Post*, October 15. https://www.washingtonpost.com/world/national-security/obama-expected-to-announce-new-plan-to-keep-5500-troops-inafghanistan/2015/10/14/d98f06fa-71d3-11e5-8d93-0af317ed58c9_story.html. Accessed 2016.

Tian, Shaohui. 2015. Vision and Actions on Jointly Building Silk Road Economic Belt and 21st Century Maritime Silk Road. *Xinhua Net*, March. http://news.xinhuanet.com/english/china/2015-03/28/c_134105858.htm. Accessed 2017.

The Economist. 2015. Xi Jinping's Fight Against Corruption in the Military Continues. *The Economist*, July 31. http://www.economist.com/news/china/21660257-china-nets-its-most-senior-army-general-yet-xi-jinpingsfight-against-corruption-military. Accessed 2015.

Xin Hua. 2015. The China-proposed Silk Road Economic Belt Initiative Is Not a Competitor, But a Partnership Project for Russia: Russian PM. *Xinhua News Agency*, August 22. http://news.xinhuanet.com/english/2015-08/22/c_134544640.htm. Accessed 2015.

第二章

从暗到明

摘要　　"一带一路"的版图不断扩张，上面布满了动乱区。随着中国成为世界主要经济体，越来越多的声音呼吁中国积极参与维稳与安全事务。在美国安全保护伞下搭便车的便利时代已经结束。解决"一带一路"安全问题的答案之一便是私营安保供应商的参与。自 20 世纪 90 年代以来，冷战结束带来的和平红利的重建促进了私营安保公司和私营军事及安全产业的重新崛起。与私营安保公司有关的若干问题之一，始于对私营安保公司没有一个明确的、大家都同意的定义。中国私营安保市场现在才开始由非正式和分散的领域，转变为一个更成熟的行业。

关键词　　武装市场·私营军事安保公司·私营安保公司·中国私营安保公司·"一带一路"安全

一、私营军事和安保公司：从暗到明

在小路的转弯处，神甫像往常那样朝前面的圣龛看时，突然看见了他意想不到的，而且也是他很不情愿看到的事情：两个人面对面地待在两条小路的汇合处，其中一个人正跨坐在矮墙上，靠外墙的一条腿悬空荡着，另一条腿支撑在路面上。他的同伴斜靠在墙上，双臂交于胸前。他们的穿着、举止，以及从神甫现在所处的位置能够观察到的他们的表情，能够清楚地表明他们的身份。这两个人头上都戴着一顶织成网状的绿色宽边帽子，上面装饰着一个大流苏，一直落到左肩上；帽子下面，露出一绺卷发，披覆在前额；两撇长长的髭须，在嘴唇上翘起；身上束着一条发亮的皮带。上面挂着两支手枪；

脖子上挂着一只牛角制成的火药筒，垂到胸前，像一条小盒式项链；下身穿着宽松的灯笼裤，右边口袋里露出一把匕首的长柄；左腰悬挂着一把带铜柄的长剑——巨大的中空刀柄是由明亮的黄铜板制成，这组合而成一种暗号：凭这一切，只消一眼便可以认出他们是两个亡命之徒。[亚利桑德罗·曼佐尼（Alessandro Manzoni），《约婚夫妇》（*The Betrothed*）第一章]

中国工人2017年在巴基斯坦和2004年在阿富汗被绑架、杀害；2011年利比亚卡扎菲政权倾覆，35 000名中国工人撤离；金三角地区湄公河流域，13名中国籍水手被杀害；1名中国公民在伊拉克被极端组织"伊斯兰国"斩首；3名中国国企干部在巴马科恐怖袭击中遇害。诸如此类事件，正迫使中国在境外干预。"一带一路"的版图不断扩张，上面布满了动乱区。随着中国成为世界主要经济体，越来越多的声音呼吁中国积极参与维稳安全事务。搭便车的便利时代已经结束。解决"一带一路"安全问题的答案之一便是私营安保供应商的参与。然而，私营安保公司仍然被媒体描述为"雇佣枪手"的角色，视之为雇佣兵的负面看法仍然普遍存在。雇佣兵在历史上留下的印记，无论是在西方还是在东方，都激起了人们对这一职业的普遍蔑视。在中国，近代的军阀时代令私人军队群体的整体概念遭受深刻的不信任。

与私营安保公司有关的若干问题始于对私营安保公司没有一个明确的、大家都同意的定义〔辛格（Singer），2003年〕。雇佣兵与私营安保公司、私营军事公司（Private Military Companies，PMCs）以及提供综合服务的国际公司之间的界限模糊，这些公司提供包括后勤支持、情报收集、特种部队训练、紧急疏散、反海盗护航、固定炮位安保（fixed emplacements security）以及涉及先发制人使用武力的战术支持等服务。本书中使用的术语"私营安保公司"包括私营军事公司、提供综合安全服务的国际公司以及私营军事安保公司，但是仍然迫切需要每一个参与者都有一个明确的定义。许多研究人员对私营安保公司和私营军事公司之间的区分，仅仅关注其使用武力的程度。另有其他人从文化道德视角，分析了国家对暴力垄断的私营化。这两种视角都是必要的，同时需要从国际关系到经济关系等更广泛的学科的参与。对私营安保公司使用武力缺乏一个明确的、广泛同意的定义，阻碍了市场监管的机会。

解决这一问题的一项最新尝试是国际安保行为守则协会（International Code of Conduct Association, ICoCA）[1] 的成立，该协会出版了特定的中文版指导方针[2]，并且自 2013 年起已有 3 名中国注册会员。[3] 以《与武装冲突期间私营军事和安保公司开展业务有关的各国相关法律义务和良好做法的蒙特勒文件》（Montreux Document on pertinent legal obligations and good practices for States related to operations of private military and security companies during armed conflict）为基础，《私营安保服务提供商国际行为守则》（The International Code of Conduct for Private Security Service Providers, ICoC, 以下简称"《国际行为守则》"）于 2010 年 11 月 9 日通过。《国际行为守则》旨在提高整个私营安保行业的全球标准，以确保私营安保公司的行为不违反人权规范或国际人道法律，在确保受安保工作影响的个人享有人权方面有积极影响。

国际安保行为守则协会由政府、成员公司和民间组织三方组成的委员会管理，其成员目前包括来自 30 个国家的 92 家私营安保公司、7 个国家政府和 18 个民间组织。[4] 国际安保行为守则协会通过三个关键流程确保《国际行为守则》的有效实施：证明公司的制度和政策符合《国际行为守则》；对于成员公司实施规范承诺的情况进行实地审查或者案头审查；为因成员公司不符合国际安保规范的行为而受到损害的个体提供有效的补救措施。尽管如此，《国际行为守则》的执行仍然是一项艰巨的任务。

美国 2008 财年《国防授权法案》（National Defense Authorization Act）给出了一个简单但有限的定义，该法案将私营安保功能描述为保护人员、设施或财产以及由武装人员参与的任何其他活动［美国总务管理局（the General Services Administration），2008 年］。此外，《反对招募、使用、资助和训练雇佣兵的国际公约》（International Convention Against the Recruitment, Use, Financing and Training of Mercenaries，联合国的系列条约，第一部分，1989 年 12 月 4 日）上也有关于安全事务的规定和禁止的国家间准则，但与处理这一问题的国家法律没有直接的联系。由于缺乏一个得到国际承认、被各国采用的法律框架和有关的执法机构，各国只能单独处理私营安保产业的工作。在这方面，私营安保公司受益于一个灵活的全球环境，使它们能够选择将自己的盈利核心置于哪个国家，以及在哪个国家提供合法的安保服务。俄罗斯私营安保公司莫兰（Moran）就是一个浅显的例子，它使用了一个在英属维尔京群岛（British Virgin Islands，BVI）注册的中国香港空壳公司，在处理金融问题的同时免于触碰关于招募和部署雇佣兵的法律规定。虽然英属维尔京群岛以提供避税和有限程度的财务公开的财政特权而闻名，但作为英联邦的一部分，英属维尔京群岛遵守英国法律，严禁直接提供私营军事服务。

在 P. W. 辛格的开创性工作中，私营军事企业（private military firms，PMFs）被定义为"私营商业实体，向消费者提供广泛的、曾一度被广泛认为完全属于公共领域的军事和安全服务"。在《武力市场：安全私有化的后果》（"The Market for Force: The Consequences of Privatizing Security"）中，狄波拉·阿万特（Deborah Avant，2005 年）将私营军事安保公司按提供对外或对内安全服务进行分类。后一种分类很适合中国的情况，在这种情况下，实力更强的私营安保公司只部署在海外，而本地私营安保公司的发展只意味着对警察的有限支持。在这方面，我们有必要记住，中国政府将国内生产总值[5]的重要部分投入到维护国内安全和秩序方面，如同投入国防预算。肖恩·麦克福特（Sean McFate）在《现代雇佣兵：私人军队及其对世界秩序的意义》（*The Modern*

Mercenary: Private army and What They Mean for World Order）一书中，另一次令人振奋地尝试对私营军事安保公司的角色进行定性，该书将理论方法与作者的亲身实践经历结合。另一项定义该领域的尝试，如《世界各地安保力量私有化市场》["The Markets for Force Privatisation of Security Across World Regions"，茉莉·杜妮安（Molly Dunigan），2015年]，交叉参考了12个国家的私营军事和安全承包商市场；这里面对中国的分析主要与私营安保公司对内作为固定警卫或贴身护卫有关。安德鲁·埃里克森（Andrew Ericson）和盖比·柯林斯（Gabe Collins）（安德鲁·埃里克森，2012年）的这篇文章聚焦于中国武装市场的特殊性，是自2010年规范该行业的新法律出台以来，对中国私营安保公司日益增长的需求进行分析的首批尝试之一。此外，杜懋之（Mathieu Duchatel）的《中国的有力臂膀：保护海外公民和资产》（*China's Strong Arm: Protecting Citizens and Assets Abroad*，2015年），是关于中国政府应对国际紧急危机期间紧急遣返中国公民能力发展演变的重要信息来源。

二、私营安保公司成为主流

2010 年 1 月 1 日实施的《保安服务管理条例》(The 2009 Regulation on the Administration of Security and Guarding Services) [6]，首次提供了中国内地私营安保市场的指导方针，并对提供境外安保服务的一些程序做出了规定。新法规引发了大量安保公司的注册，但安保人员的类型和工作方式与过去相比没有发生实质上的变化。与之前一样，与警察和军队关联仍然是几乎所有中国私营安保公司的一项主要特征。大多数私营安保公司的首席执行官都有在国家安全机构工作的经验，而有过长期商业背景的经理人仍然很少。造成这一趋势的一个主要原因是 1993 年至 2010 年中国私营安保公司所经历的法律困境。令问题复杂化的是，在远离中央政府控制的省市地区，对安保服务管理条例的态度宽松许多，仍然允许能力不达标，甚至经营范围不相关的公司注册，以绕过监管和运营要求。

这些不合格的企业大多数试图避免支付注册资本 100 万元，而选择只需几千元即可注册的咨询类营业执照，同时还避免了安全法律法规 [7] 给予特殊考量所禁止的追债业务 [8]。

虽然这一趋势正在逐渐向好的方向转变，但处于灰色地带的保镖和信贷回收机构的数量仍有数十万。一个更为严格的办法与武器携带许可有关，并受 2002 年就颁布的一项法律——《专职守护押运人员枪支使用管理条例》(Regulations on Administration of Use of Guns by Full-time Guards and Escorts)⁹——的约束。

中国安保行业垄断的私营化趋势并没有在美国那么快（美国的私营部门支持军事活动），但它仍在经历从国家完全垄断到部分警察功能的私营化的转向，如交通协管、定点守护以及在需要控制人群的公共活动期间提供安全支持。在这方面，私营化趋势大部分与私营公司在国外经营有关，以支持中国海外利益。不幸的是，在这种情形下，《保安服务管理条例》没有提供明确和直接的操作程序，因为它是着眼于国内安全市场而起草的。法律明确规定，由国务院公安部统一负责全国安全保卫工作的监督管理，而县级以下地方公安机关在其管辖范围内不承担这类责任。* 与此同时，中国国务

---

* 根据规定，"县级以上地方人民政府公安机关负责本行政区域内保安服务活动的监督管理工作"，原文的"地方公安机关"应该是指的县级以下的公安机关。——译者注

院、外交部、最高人民法院（企业责任方面）甚至军方都声称对私营安保公司的国际监督负有责任。新法律引发的另一个问题是私营安保公司的首席执行官对国家秘密负有刑事责任。因为国有企业是国家机构的一部分，所以国有企业的内部信息，即使是无关紧要的商业计划，也可能成为国家机密的一部分。泄露国家秘密在量刑上可以判处终身监禁，而且即使在国际私营安保公司同当地私营公司有正式合作手续时，这类规定也不易被推翻。由于这种商业模式还很新颖，目前国内和国际私营企业合作中已知还没有发生过侵犯国家秘密的案例，但过去简单得多的商业化合作中有很多例子。如澳大利亚矿业公司力拓集团（Rio Tinto）在中国的案件——中国铁矿生产信息被泄露给澳大利亚矿业公司，导致力拓集团上海高管因"出售国家机密"被监禁十多年。[10]

自上世纪90年代末以来，提供专业安全服务的公司的故事经常出现在媒体的主流报道中。

这种现象凸显出，社会精英圈子所说武力或说"实力"（muscle）市场不仅仅是在扩张；现在被视为一项正常的活动。在2008年北京奥运会和2010年上海世博会期间，当地的私营安保公司开始与国外同行合作，建立有利于国内公司国际化的联系。到 2010 年，中国媒体开始报道中国本土私营安保公司在国际舞台上的作用。自 2014 年以来，《环球时报》[辛（音，L. Xin），2015 年]（谢文婷，《随着海外投资激增，对中国安保公司的需求增大》，2016 年 6 月 23 日 ）和《文明日报》等报纸和杂志对中国私营安保公司国际化给出良好的评价，并意识到本地的安全提供商正面临着不断增长的市场。在 2015 年三名中国人于马里巴马科恐怖袭击事件中丧生后，习近平主席呼吁加强努力以确保中国公民和海外组织的安全。除中国媒体外，中国学者和党政干部也关注私营安保服务提供者所发挥的作用，这些提供者依赖人民解放军、人民武装警察和外交部提供的知识和技能。

令人遗憾的是，媒体的叙述只描绘了涉及私营安保公司情况的一小部分。争议有关几个相伴而生的因素：私营安保公司的模糊定义；私营安保公司与承包商之间的交易财务问责有限；自《威斯特伐利亚条约》（Westphalia treaty，1648 年 ）以来对使用"雇佣兵"的一种负面偏见；缺乏可执行的法律架构来管理私营安保服务提供者；以及非洲后殖民时期冲突中的"独狼雇佣兵"（lone wolf mercenaries ）的污名；这仅是几个例子。

自从黑水公司[11]在伊拉克尼苏尔广场的事件发生后,[12]媒体就把私营安保公司的角色刻画成"职业杀手"。当今对"雇佣兵"的负面看法仍与非洲后殖民战争期间私人士兵的卑劣行为有关。此外,公众对私营军事公司的负面看法是后威斯特伐利亚(post-Westphalia)国家军队近三个世纪转型的结果,在这一转型中,由国家指挥机构控制的士兵—公民取代了为出价最高者提供服务的"雇佣兵"。

自冷战结束以来,由于几个相互关联的因素,私营安保产业提供的服务范围和规模都有所增加,包括:

·苏联解体后大规模军队遣散,导致市场上合格的从业人员越来越多,从特种部队到情报和技术人员都有。

·战争向跨国、低烈度冲突的动态转变,非国家行为者在使用武力中的作用的合法性(格雷,2009年),以及最近的混合战争范例。[13]

·经济全球化,外国直接投资和跨国自然资源开发的增加,使在国外经营的私营公司对私营安保公司服务的需求增加。

·国家军队必须保护昂贵的军事装备,以避免蒙受损失。

·网络战从军事威胁向对公共和私营部门的横向威胁转变。

20 世纪 90 年代以来，冷战结束带来的和平红利的重建，促进了私营安保公司和私营军事及安全产业的重新崛起。北约重新定义战略，预计欧洲西部前线不会发生苏联式的入侵，这导致欧洲国家国防预算的逐步减少，同时也导致了武装力量的缩减（北约，2016 年）。私营军事安保服务公司在安全领域中的作用日益加强，已逐步导致西方国家对武力手段的垄断受到侵蚀，有利于一个全球化和私有化的武力供应市场。伊拉克的两场冲突和阿富汗的一场冲突表明了私营安保公司的作用越来越大，而对其作用的焦虑也随之增加。

20 世纪，从非洲的内部斗争，到拉丁美洲的高暴力率和阿拉伯世界的动荡，"治理空洞"（governance voids）和"失败国家"（failed state）的说法已经成为常态。然而，冲突中的不对称并不是一种新现象。冲突本身的当代性质正在改变国家与非国家行为者之间的交互作用。从恐怖分子到非正规战斗人员，非国家实体正在主导冲突进程的节奏。非国家行为者用于反对国家行为者的不对称工具，允许其主导使用武力的时间、地点和条件。国家行为者的应对，即使是有效的，也不成比例，而且还受到财政限制和社会规范的限制。软弱或缺位的国家政府造成的权力真空，使其他角色能够行使自己的权力，从而让暴力蔓延并造成动荡。此外，传统的以国家为中心的国际关系观点认为非国家行为者并非一个重要的组成部分。（格雷，1997 年）

　　至于武装组织，非国家行为体（Non-State Actors，NSA）传统上被视为没有官方责任的挑战者，而政府则是秩序和安全的维护者、公共产品的提供者。然而，人们越来越认识到，非国家行为体是当代武装冲突中的关键角色，学术界和政策研究界对于研究它们非常有兴趣。（史密斯，2006 年）

以全球安全问题和不确定性为特征的冲突新时代，很好地展示了私营安保公司重新出现的作用。像"人群之中的战争"（war amongst people）[14]这样的新战争类型正在改变基于"全面战争"（total war）的旧场景，从工业战争转向针对非国家对手的非工业战争。

　　战争范式的转变和对此的持续抵制也造成了如下的普遍结果：政治家和士兵们仍然在用旧范式思考，并试

图利用他们常规配置的力量来实现这一目标——而此时敌人和战斗都已经改变了。（史密斯，2006 年）

未来冲突和威胁的网络维度（cyber dimension），促进了专业人员在政府安全部门之外发挥更大的作用。在过去的十年中，金融服务、通信和电信、制造业、医疗保健、娱乐和媒体等几个产业见证了复杂网络攻击的增加，从单一黑客的作案方式，到来自犯罪组织、网络私营安保公司和外国政府的协同攻击［普华永道（PWC），2016 年］。网络私营安保公司的角色比"实体"（brick and mortar）私营安保公司更难定义。在这方面，虚拟维度模糊了国界，更加模糊了防守和进攻的角色的区别。同样在网络维度，风险意识和威胁监控对于预防和遏制从不间断的攻击来说是必需的。企业内部网络安全能力的作用至关重要，但与此相关的成本及观念，对中小型公司来说是难以企及的。与提供风险监控和模拟的私营安保公司提的情况一样，网络私营安保公司的网络安保能够对与不断演变的威胁进行信息分析。大数据和数据分析处于网络安全的最前沿，但维护高级算法、高级处理能力和海量数据存储能力的成本给大多数公共和私营企业设置了很高的入门门槛。为了有效地分配稀缺的资源，公共和私营企业计划与安全服务供应商签订合约，以保护其网络空间。虽然成本是维护网络安全结构的主要限制因素之一，但资深的数据分析师和网络安全专家的稀缺使这一问题更加复杂（普华永道，2016 年）。公司内部缺乏时间、资金和人力资源，令其对外部的有技术的网络私营安保公司的需求上升。这种市场趋势在中国并没有被忽视，当地的网络公司正积极地在武装市场中这块不断增长的利基市场上推广他们的服务。

与此同时，在中国，对部署私营安保公司的某种主要担忧，并非在于道德或政治上的不安；而与国有企业的支付意愿以及对风险管理缺乏充分理解有关。对代表中国国有企业在境外运营的几家中国私营安保公司的调查，虽然样本规模小，无法提供任何科学证据，但调查中一个高响应率的问题表明，在选择安全服务供应商时，价格是一个主要驱动因素。这表明雇用私营安保公司的决策过程存在危险的不平衡。雇用私营安保公司的国有企业首先关注的不是风险状况，而主要是基于价格考量。这就造成了漏洞，原因很简单，这种可疑决策以国有企业的员工和资产风险为代价。

只有在事件发生，媒体开始渲染有问题的国有企业的负面形象之后，国有企业才能意识到，实现安全和风险评估以及危机管理流程，从一开始就应该嵌入到企业结构和商业模式中。越来越多的中国企业正在世界各地的危险地区建立经济发展特区，但对人员和基础设施面临的风险和威胁的意识并没有得到应有的重视。风险缓解和危机管理流程尚未建立。因此，如果国有企业的首席执行官和首席战略官对私营安保公司在危机中的角色没有一个清晰的认识，那么风险管理的服务将始终由出价最低者提供。在西方世界关于私营安保公司作用的讨论中，有一种观点，认为只有那些能够负担得起私营安保服务的公司才能同时从这种负担中获益。而在中国，私营安保公司的可靠和专业的安全服务的价值尚未被清楚地理解。虽然美国和中国政府在宏观上产生了差异，但有一个相似之处与最近中国的"旋转门"（revolving door）趋势有关，这在美国的私营军事和安全产业中非常普遍［艾米（Amey），2004 年］。正如 1990 年代以来美国陆军和几个私营安保公司高层之间发生的事一样，中国也正在经历解放军和武警人员向私营安全部门转移的过程。在美国，这种现象已经达到占主流的层面，导致参议院进行了一项调查，指出前军队和情报官员、他们的私营部门雇主和公共招标系统之间的利益冲突是如何浮出水面的［亚伯拉罕森（Abrahamsen），2010 年］。然而，在中国，私营安保公司的新颖性尚未被置于政府反腐部门的显微镜下。尽管如此，考虑到自 2013 年初以来的积极反腐运动中也有部分解放军指挥和控制部门一些领导落马，可以预计在适当的时候这一问题会得到进一步关注。

三、中国对国内和国际安保市场的看法

2016 年 3 月 13 日，凤凰国际智库和清华大学举办了海外风险会议和安全管理论坛，之后，发布了第一份关于中国海外安全的综合行业报告（凤凰国际智库，2016 年）。该报告是中国领先的研究中心探讨中国私营安保公司未来在国外的作用所迈出的第一步。与此同时，上海社会科学院（Shanghai Academy of Social Sciences，SASS）和上海国际问题研究院（Shanghai Institute for International Studies，SIIS）等几家中国知名智库及复旦大学等高等院校也将"一带一路"的风险纳入研究范围（《上海日报》，2016 年），其中包括分析私营安保公司的作用。该报告首次对中国国际企业的安全管理进行

评估，包括风险评估、保险管理、海外安全和领事保护。

凤凰国际智库研究团队对中国安保市场现状的实地分析，让我们得以一窥中国自身对本土私营安保公司的劣势和优势的看法。

这一智库的调查结果显示，绝大多数中国私营安保公司的意识和能力仍然"非常薄弱"。报告最后结论相当有趣，它指出中国的宣传，特别是安保行业宣传，往往只强调实力，而将所有弱点最小化。该报告提出了对一个更加自主和有能力的私营安保行业的迫切需要。尽管报告中武断地排除一些大型中国私营安保公司，纳入了业务模式上更倾向于安全情报和风险评估服务的驻扎在中国的外国安保公司，但其得出的结论与一些西方同行一致。另一个共同点是，都批评中国的私营安保公司和国有企业夸大中国政府在海外的活动余地，相信中国政府会在最紧急关头提供支持和援助。

私营安保公司的一系列缺点包括普遍忽视管理能力。最常缺失的一项能力是专业的安全管理团队，能够在海外投标时详细说明准确的预算要求。缺乏国际经验和对国际安全问题的接触，在很大程度上表现为不切实际的低价投标。因此，低廉的出价使不知名的中国私营安保公司能够与更专业的中国企业竞争。不幸的是，这些公司在给出低投标价时并没有直面在怀有敌意的地区运营将产生的实际成本。因此，在捷径和紧缩预算将对本已不稳定的局势产生消极影响。

此外，由于真正了解项目安全运营成本的中国专业公司将被非专业人士击败，争当最低价投标者的竞争阻碍了中国本土安保市场的有效增长。与此同时，国有企业缺乏支付意愿，对一些海外项目的高风险成本缺乏了解，使得不合格的经营者得以参与其中。单纯基于出价要求的安保投标系统缺乏适当的过滤机制，正损害市场本身，就像在过去30年里，在中国本地安保服务供应市场所发生的情况。中国安保市场不正规深深植根于商业信息引荐（referral）网络，其中国有企业与原军警官员共享长期友谊、共同利益和地方人脉网络。因此，合同程序和安全项目的实施依赖于中国私营安保公司首席执行官的人脉，而不是他们投标的能力。即使他们的能力没有问题，知道有公开招标的机会也十分有限。

中国私营安保市场现在才开始由非正式、分散的领域转变为一个更成熟的行业，这期间中国的国有和私营企业开始意识到，他们与专业安保公司签订合同后在财务上长期省下的资金将超过购买安保公司服务所花费的金额。

中央政府和中国的企业协会，如中国国际贸易促进委员会（China Council for the Promotion of International Trade, CCPIT）和中国对外承包商协会，已经意识到，在海外投资的中国企业迫切需要安全管理能力。寻找合适的私营解决方案供应商的承包体系仍不明确，并且这一体系确实需要政府的介入来确定合适的筛选和监管流程。在政府的帮助下明确一个合适的私营安保公司资质监管体系，将帮助到大多数自身不具备有效安全管理能力的国有企业。

如今，中国海外安保市场的规模已超过 100 亿美元。然而，中国安保行业将面临几个发展挑战的影响，凤凰国际智库的报告总结如下：

· 起步晚

· 发展太快

· 克服挑战

中国海外安保产业被认为始于 2004 年左右，11 名中国工人在阿富汗昆都士（Kunduz）修建一条公路期间被杀（《中国日报》，2004 年）。阿富汗危机迫使中国政府审视现实，出台了一系列政策文件，以加强保护国有企业工人安全的能力和责任。

2004 年以后，几家大型国企开始就提高海外安全能力进行投资，从内部管理和投资外部安保供应商两方面入手。与 1960 年代和 1980 年代现代私营安保行业的兴起相比，凤凰国际智库认为中国的安保市场是海外安保行业的后来者。起步较晚迫使中国的私营安保公司采取大踏步式（steep）的学习模式，以避免外国同行在过去几十年里犯下的代价高昂的错误。

尽管起步较晚，但由于"一带一路"投资扩张催生了海外安全需求，中国安保市场快速增长。

2013 年以来，中国海外安保市场不断扩大，2015 年达到临界规模。根据中国的分析，市场规模达到 103 亿美元，其中能源国企每年的安全支出达到 20 亿美元（凤凰国际智库，2016 年）。

巨大的挑战不仅与海外安保市场的复杂性有关，也与中国私营安保公司的碎片化有关。市场的快速发展与宽松的监管体系结合到一起，容易产生弊端。在国外运营的私营安保公司的范围、规模和能力，以及参与海外安保服务的中国公民人数的统计数据的缺失，对准确地进行市场分析形成阻碍。预算分配和投标制度缺乏透明度是影响非官方武力市场的几个问题之一。此外，缺乏适当的筛选机制来评估中国私营安保公司的实际能力，以及安保人员以往的业绩记录和经验的缺失，增加了该问题的严重程度。

　　虽然中国的安保行业从业者声称具有海外安保能力的安保公司有数百家，但凤凰国际智库将这一数字减少到 20 家。更保守地估计，符合国际安全公司标准的甚至可以在后者的统计数据基础上减少至十几家。

　　在过去十年中，为了应对中国对外直接投资的需求，中国保险业部门逐步发展风险管理能力。此外，中国保险业理解武力市场的发展步伐正在加快。

　　凤凰国际智库的调查结果显示，中国安保业仍然视两家全球领先企业为本土私营安保公司的榜样。杰富仕公司和化险咨询公司很早就开始向在全球危险区域的中国国有企业推销其服务和能力，随后他们在中国开展业务，以便同时关注中国国有企业和在中国投资的外国企业的动向。在中国本地化的业务运营，若没有与具有商业情报和当地安全需求的外国公司签约，则主要依靠母公司国际网络的支持。

　　大多数在中国本地化的国际私营安保公司都具有高标准和高收费的特点，而且大多数时候都能够获得中国国际安全项目的重要份额，因为中国几家顶级私营安保公司将服务分包给它们，在更合适的地区提供安保服务。

专业的安全出版物和主流媒体更加关注中国企业如何通过有效的风险控制避免巨额损失，以及中国政府如何在海外提升公民和企业的安全。中国杂志《保安与技术》（*Security & Technology Protection*，2016 年）发表了一份关于在海外经营的国内主要安全公司的专题评估报告。该评估非常有趣，它揭示了中国分析师对私营安保部门有自己的看法。遗憾的是，其采用的量化方法中存在一些刻意的遗漏，一些领先的国际安保公司在中国注册的商业实体被包含其中，而其他具有相同能力的公司则没有。该评估题为"快速发展和重大挑战"，详细审查了中国国内安保行业以及中国私营安保公司在国外运营的初始阶段。该评估基于访谈、问卷和网络信息，包含了安全服务的类型、私营安保公司在其他国家的业务足迹、海外分支机构的数量、公司的运作历史和临场经验，以及一些非常重要的细节内容，如能够流利使用英语和所服务国家语言的员工的比例。该评估对在国外运营的十大中国私营安保公司进行了排名，排名第一和第二的毫无意外是两个国际私营安保公司：杰富仕公司和化险咨询。虽然杰富仕提供安保服务，但化险咨询也被包含在清单中，显然没有考虑到其业务模式正朝着安保和综合风险咨询方向发展。

以下是 3—10 名的排名：

北京德威安全服务有限公司（Beijing Dewei Security Service Co. Ltd）

中国安保实业有限公司（ZhongguoAnbao China Security Industry Co., Ltd）

华信中安（北京）保安服务有限公司（HuaxinZhongan（Beijing）Security Service Co., Ltd）

上海中城卫保安服务集团有限公司（Shanghai Zhongchenwei Security Service Group Co. Ltd）

北京鼎泰安元安全技术研究院（Beijing DingtaiAnyuan Guard & Technology Research Institute）

深圳中州保镖安全顾问有限公司（ShengzhenZhongzhou Tewei Security Consultant Co. Ltd）

北京冠安安防技术有限公司（Beijing Guanan Security & Technology Co. Ltd）

山东华威保安集团股份有限公司（Shandong Huawei Security Group Ltd Subsidiary）

在评估的每个类别中，杰富仕都位居榜首，化险咨询紧随其后，而其他公司基本都在一些关键的类别中缺位。该报告强调了与国际同行相比，国内安全公司有多处需要追赶，缺乏杰富仕公司在安全服务领域数十年的成熟经验，及创建于1975年的化险咨询的经验。相比之下，中国历史最久的私营安保公司到1993年才起步。

当国际私营安保公司正在积极寻找新客户和机遇以开拓新市场之时，中国的私营安保公司，正如在"一带一路"的情况中，仍然依靠政府的优惠政策来维持其在国内的市场地位。与此同时，在海外创业的私营安保公司专门与中国公司合作，目前对追求外国客户不感兴趣，其中已在中国大陆使用其服务的客户除外。

此外，对比国际顶级私营安保公司和中国同行的收入，也能凸显出中国私营安保产业发展的不平衡与国际赛场相当。通过财务数据可以一目了然地看出，为什么中国最大的安保公司的收入只有外国同行收入的一小部分。仍引用评估报告中的观点，中国私营安保公司的服务能力和商业模式仍然处于基础水平和初期阶段。从商业角度来看，中国私营安保行业由于一些限制因素而落后，其中包括市场容量不够大以致无法提供精细化服务。在"一带一路"带来营收之前，缺乏支付高水平专业人员薪酬的意愿，对行业发展产生了负面影响。最近开始在海外投资的中国企业，除了自然资源行业的显著例外，大多数已经在欧盟、北美或日本等发达国家和地区开展业务。直到最近，大多数中国公司，包括私营中小企业（small-and medium-sized enterprises，SMEs），才正寻求在高风险国家投资。

智库的评估重点也转移到中国政府提供的国内和国际指导方针。尽管政府宣布了一些关于加强海外安全的政策和指示，但相较于安全问题，监管部门的利益与财务评估要求的关系更加密切。此外，某些中国安保公司，只是更大型的基建项目的次级承包商，其利润率确实有限，并且在其商业模式中，与高质量安全服务相关的高成本，被认为是不合理的。

鉴于至少有一半的"一带一路"海外项目与收入较低的工程类转包项目有关，高层次安保市场无法获得大量资金。中央政府和保险公司认为有必要介入，提高工程公司海外经营的准入门槛，避免其为了维持有限的利润而招致不必要的风险。目前在安保小市场池的负面的外溢效应与以下事实有关：它吸引了最低级别的安保服务提供商，这些供应商通常雇用没有经过任何训练，只会坐在保安亭里用手机玩游戏或者看电视连续剧，除此之外便没有真本领的人。由警方提供高水平安保模式在中国大陆仍然有效，但在海外可并非如此。由于中国私营安保公司的平均规模也是一种限制，这些公司只能吸引低水平（sublevel）劳动力，也缺乏国际管理能力。有几次，在海外商旅中应该跟随 VIP 客户的所谓保镖竟无法申请外国签证。[15]

海外商业能力缺乏，与威胁评估经验和在陌生地带应对不同社会、政治和监管环境的能力尤其相关。在海外经营的中国私营安保公司往往缺乏与当地政府的必要联系和人脉关系，其背后是依赖领事保护，以及认为中国政府与当地政府的协议可以保护他们免受任何麻烦的想法。综合所有上述问题，加之本地情报、供应链管理以及物流和法律支持的完全空白，发生未知灾难只是时间问题。

评估报告和关于"一带一路"安全问题的论坛充分阐释了国际化程度低和缺乏综合能力的问题。遗憾的是，市场非正式的规章制度和国际监督机制的缺失，无助于更快地改善服务质量。

尽管经过 30 年的商业发展，中国也已将政策取向从"遵守规范"转向"制定规范"，但与中国对外直接投资浪潮一起走出去的中国私营安保公司是潮流的追随者，而不是潮流的引领者。化险咨询等国际安保公司迫切希望在全球市场上寻找商机，根据客户的具体需求，提供创新的服务和一流的因地制宜的能力；相反，中国的私营安保公司则主要依赖中国客户。

由于中国的私营安保公司缺乏必要的语言、情报收集和外交能力，它们的大部分安保力量只能在有防护门的中国工人封闭的院墙内执行任务，依靠来自当地民兵或国际承包商的外部武装保护。没有国际合作，没有在提供更高水平的商业服务供应方面的更宽广视野，中国私营安保行业在"一带一路"全球发展进程中仍只能被动旁观。

根据评估结果和论坛讨论结果，安保行业必须发展自己的业务能力，这种变化不仅仅意味着影响派往海外的保安人数或签约客户的数量，而是必须具有成熟的能力和态度。中央政府必须考虑的一个紧迫问题是跨国经营和管理所需的标准。通过购买当地可以获得的自动武器以规避中国公民出国禁止携带枪支的禁令，这种情况虽然很少见，但是一旦发生随之出现的附带损害赔偿可能是一个严重的问题，因其不仅涉及私营安保公司，更涉及中国政府维持不干涉内政原则的努力。

有助于加速安保行业更专业、更国际化发展的一个步骤是，不仅同国际私营安保行业以及培训、认证机构合作，还要进行垂直市场一体化合作以提高私营安保公司能力。这类垂直合作和战略同盟是与国际公司——如特殊保险服务机构（Hitchox，Integro）。这样的国际公司，或国际紧急救援（International SOS）等健康保险服务提供商——建立的。共同面对海外风险的保险、医疗和中国私营企业相结合，构成一个重要的学习平台，以推进中国安保产业整体发展。同时，考虑到中国安保市场受中央政府监管免受外部影响，中国安保行业改革的主要角色与中国政府的意向，而非市场自由之手有关。尽管甚至是中国分析师针对政府垄断的方式，也提倡给市场力量更多的空间，但需要记住的是，在美国武装市场中，安保部门每年扩张规模达10亿美元，是主要由美国政府的合同推动的。

四、从《远征记》到网络安全应用

依我说，君主用来保卫本国的军队，或者是他自己的军队，或者是雇佣兵、辅助部队，或者是混合的军队。
而雇佣兵和辅助部队是无益的，并且是危险的，一个人
如果以这种雇佣兵队作为基础来确保他的国家，那么他
既不会稳固亦不会安全，因为这些雇佣兵队是不团结的，
怀有野心的，毫无纪律，不讲忠义，在朋友当中则耀武
扬威，在敌人面前则表现怯懦。他们既不敬畏上帝，待
人亦不讲信义，毁灭之所以迟迟出现只是由于敌人的进
攻推迟罢了。因此你在和平时期受到这些雇佣兵掠夺，
而在战争中则受你的敌人掠夺。这是因为，除了一点军
饷之外，他们既没有忠义之忱，也没有其他的理由使他
们走上战场，而这点军饷并不足以使他们愿意为你牺牲
性命。[尼科洛·马基雅维利（Niccolò Machiavelli），《君
主论》第 12 章]

自威斯特伐利亚秩序的建立和现代国家军队的诞生以来，
"自由骑士"（free lance）或"佣兵队长"（condottieri）越来
越成为一种负面形象。尽管如此，今天的私营安保行业仍然
是一种源于古代历史的现代转型。自《远征记》（*Anabasis*）
[色诺芬（Xenophon），1998 年] 的时代以来，雇用士兵保

护领土和财产或参与武装侵略的做法已经存在。在《远征记》中，色诺芬讲述了在公元前 401 年，波斯王子小居鲁士（Cyrus the Younger）为加冕为波斯的皇帝雇用了一大批希腊雇佣兵来击败他的兄弟阿尔塔薛西斯二世（Artaxerxes II）。马其顿的亚历山大大帝在向东方军事扩张期间也与希腊雇佣兵签订契约。雇佣兵不仅能够扩充国王和皇帝的军队，而且能够提供特殊技能，例如巴利阿里群岛（Balearic Islands）的投石射手，他们在布匿战争（Punic wars）期间与迦太基签下契约以对抗罗马。罗马帝国的压力越来越大，需保障军团和边防驻军不断招募新兵。自公元 4 世纪末以来，整个蛮族部落签约成为"同盟者"部队（foederati）或被编入军团。瓦兰吉人（Varangian，即维京人，Vikings）就是一个著名的例子，这群蛮族雇佣兵是拜占庭帝国时期的突击部队和帝国卫队。

在英格兰的诺曼征服期间，佛兰芒（Flemish）雇佣兵构成了征服者威廉军队（William the Conqueror's army）的重要部分。后来在意大利半岛分裂成众多封建领地的过程中，"佣兵队长"是战争首领，他们向出价最高的招标者提供武装人员技术服务。

在中世纪末期，由"自由骑士"组成的自由团体向城邦和王国提供雇佣兵服务，这些国家在战时需要军队，但在和平时期或收获季节无法维持军队。德国自由团体因提供依靠当地征召兵的常规军队无法提供的专业战斗服务而闻名。在15世纪末，瑞士卫队雇佣兵与德国人竞争，以表明谁才是金钱可以买到的最高效的战士（Men-at-arms）。随着16世纪火绳枪（harquebus）的出现而发生的战争硬件升级和战术的进步，瑞士人对暴力私营化的垄断削弱，而德国的"雇佣枪兵"（landsknechts）成为最受欢迎的雇佣兵服务提供者。在此期间，"雇佣枪兵"加入冲突双方，或为了获得更好的报酬转而成为对方的士兵的现象并不罕见。那个时期最著名的两位思想家，尼科洛·马基雅维利和托马斯·莫尔（Thomas More）在他们的作品中表达了对雇佣兵作用的长远思考，尽管两者的观点相左，但这并非偶然。在《君主论》中，马基雅维利警告称不要雇用雇佣兵，他亲眼目睹雇用仅由金钱驱动的士兵是多么危险和无效。而在《乌托邦》（Utopia）中，莫尔强调了蛮族雇佣兵的专业素质是护卫国家的保证。

在"三十年战争"（the Thirty Years' War）期间，雇佣兵的作用在欧洲达到顶峰，这是因为需要熟悉火枪操作的技术人员，以及为了调遣部队需要经常操练和训练。例如，瑞典国王古斯塔夫·阿道夫二世（Gustav II Adolf）的军队参加吕岑会战（Battle of Lützen，1632年）中，其中超过一半的伤亡人员是德国或其他外国的雇佣兵。

在同一历史时期直到明治时代的日本，熟练的雇佣兵在扭转战局获取胜利中发挥了重要作用。虽然西方人的观念与幻想和关于忍者的丰富的文学作品和想象有关，但其他一些雇佣兵，如杂贺一揆（さいがいっき，Saika Ikki），利用其会使用滑膛枪来提供服务并获得物质报酬。

在美国独立战争期间，战争双方都有德国雇佣兵。英王乔治三世皇家军队包括从德国黑森–卡塞尔（Hesse-Kassel）地区招募来的整营的部队，后人称之为"黑森人"（Hessians）。"黑森人"一词最终成为来自其他邦国的德国雇佣兵的通称。

自17世纪以来，国家对武力的垄断不断增加，国家安全只应由国家征召的军队来拱卫的观点，成为现代国家地位（statehood）的支柱。

虽然19世纪和20世纪对各国国家军队的确立给雇佣部队的作用蒙上了一层阴影，但是，国家垄断暴力之外的市场始终存在。

恐怖主义并不是当今冲突的唯一方面，也并非新鲜事物。非国家行为者的参与——其中许多人是为了个人利益而参与——是中世纪和早期现代战争的特征：事实上，17世纪欧洲国家垄断武力使用的努力，其中一部分就是针对强盗、雇佣兵和私营军事公司之间的竞争所造成的痛苦和凋敝，强奸和掠夺等现象的直接反应。［斯特拉奇恩（Strachan），2013年］

历史上存在私营特许公司发挥积极作用的例外情况，它们有各自政府授予的使用武力的法律授权。这样的例子很多，如葡萄牙、荷兰的联合东印度公司（VOC），英国东印度公司，国家对暴力的垄断表现为与特许公司签订合约，以保护自己的财产和垄断权利免受海盗和竞争对手的侵犯。在此期间，对私人军队的使用持积极态度是有道埋的，因为必须保护那些远离国家直接管辖范围的投资，而不产生高昂的固定驻军的费用。正因如此，甚至直到第一次世界大战后期，英国军队的规模都小于其他欧洲军队。英国人指望在殖民地部署小股训练有素的志愿军队，以准备打小型战役。［哈特（Hart），1932年］

在中国，私人军队和雇佣兵的负面意义植根于近现代民族历史之中。西方对雇佣兵的鄙视可以追溯到 17 世纪，但对中国来说只有不到一个世纪。从 1911 年到 1930 年，清帝国灭亡所留下的权力真空被军阀的崛起所填补［鲍威尔（Powell），2015 年］。中国人有"三多"的说法，很好地描述了这个时期："官比兵多，兵比枪多，匪比民多。"［乔伊特（Jowett），2013 年］中日冲突（1884—1895 年）等外部压力以及义和团"起事"（1900 年）等内部事件，加速了最后一个帝国王朝中央集权的衰落［费正清、刘广京、杜希德编，"剑桥中国历史系列丛书"第十一册，《剑桥中国晚清史（1800—1911 年）》（下卷），1980 年］，致使中国分裂，各省由军阀占领割据。军阀时代通常指 1916 年袁世凯死后，国家军队分裂为由军阀统治的数百个武装集团的时期。

根据冯的说法，1911 年辛亥革命和袁世凯统治时期的政治混乱，导致了"传统军民"关系的显著变化。军阀掌握的政治权力从未回归到国家手中，从而开创了一个以"军事优势"为标志的时代。（出处同上）

各军阀的规模小到只在偏远乡村地区行使有限权力的小型犯罪团伙，大到拥有空军、大炮和装甲列车的区域军队〔艾勒曼（Elleman），2001 年〕[16]。虽然当中有几个军阀试图通过倾轧、强加自己的意志于其他难以控制的省份，以统一帝国，但他们中没有一个能够完成这项艰巨的任务。黎元洪将军就是一个例子，他在 1922 年和 1926 年曾两次获提名担任新生的中华民国的总统，但在位的时间有限。同样，在 1926 年的战争中，军阀张作霖在日本的支持下成功控制了首都，但仅仅两年后就被蒋介石领导的国民党打败。中央权力的崩溃和动荡的局势，导致武装人员迅速增长，从 1916 年的 50 万增加到 1928 年底的 200 多万。[17] 当时的主要军队都有派系，有皖系军阀、北洋军阀集团、直隶军阀、奉系军阀、国民军（National People's Army）和国民革命军（National Revolutionary Army，NRA——国民党）。每个集团都有大量的人员，但只有一小部分是装备精良的老兵和有能力的军官。为了供养士兵、教官、炮兵或装甲列车兵等特种兵种，这些军队中的大多数都雇用了来自俄罗斯、日本和其他几个有兴趣向交战各方提供武器和物资的国家的雇佣兵。在大多数情况下，军阀军队的报酬，就是在战斗胜利后任由士兵抢劫农村。此外，招募匪徒、冒险者和整体战败的军队作为提升军队数量而非质量的手段很常见。因此，军阀时期的历史遗留造成人们对私人军队的深刻怀疑，还在人们对自由雇佣兵的公众观念塑造中仍是个难题。

有一些政治掮客是不择手段的匪徒，他们因机缘巧合而发迹，例如"狗肉将军"张宗昌。另一些则与他们不同，例如"学者军阀"吴佩孚将军，是备受尊敬的指挥官。不论哪种，军队的装备——通常有外部来源——包括多种武器、不同种类的弹药以及外国顾问和外国雇佣兵。在前线的雇佣兵大都是北洋军阀雇用的前沙皇士兵，而受雇于主力军队的日本、英国、捷克和意大利的专家则作为总参谋部官员或专业技术人员。"狗肉将军"雇用了 3000 多名"白俄兵"（White Russians）和一支由哥萨克老兵组成的私人警卫队。相比之下，张作霖组建了一支由 700 名俄罗斯人和 300 名日本人组成的外国战斗军团。俄罗斯和日本军官负责指挥每个营。[18]

除了来自世界各地的小型武器，能够拥有一支空军力量的军阀雇用外国飞行员、使用外国制造的飞机，从意大利安萨尔多 A30 战斗机（Ansaldo A30）到苏联 R1 轻型轰炸机。在军阀时代，日本飞行员驾驶德国容克 A35 运输机（Junker

A35），美国教练驾驶法国莫拉纳·索尔尼埃"企鹅"（Morane Saulnier 'Penguin'）的情况并不罕见（乔伊特，2013）。白俄兵的情况与普通雇佣兵不同，因为他们中的一些人不仅为钱卖命，而且受到强烈反布尔什维克情绪的驱使。

> 这种意识形态因素将白俄兵与 15 世纪的意大利文艺复兴时代和现代安哥拉对士兵的定义区分开，后者指的是只追求金钱利益的士兵。（陈，2010 年）

此外，中国军阀时代还和提供战争相关服务的海外冒险家有过交集。独臂弗朗西斯·萨顿（Francis 'One Arm' Sutton），一位为几位军阀制作斯托克斯式迫击炮（Stokes mortar）的英国冒险家，以担任张作霖麾下的少将结束了自己的雇佣兵生涯。意大利人安姆莱托·韦斯帕（Amleto Vespa）作为雇佣兵为北洋集团提供服务，并为日本帝国在中国东北充当间谍。

1970 年代末，邓小平利用中国有限的资源，集中精力发展经济，20 多年来推动了国内生产总值两位数的增长。尽管 30 年的和平红利使中国成为领先的经济强国，但目前的地缘政治现状给解放军带来了他们尚未准备好面对的新的挑战。这一中国人民解放军运作能力的全新维度，与中国的经济水平和日益增长的国际外交影响力密切相关。目前，中国政府对军队现代化的长期规划为一些安保供应商敞开了大门，这些供应商正升级自身的技术能力和训练水平，同时提供无法通过官方渠道获得的海外服务。2015 年以来，中国共产党对人民解放军的控制不断加强。中国人民解放军的战略目标已从常规作战能力转变为在远离中国边境的地区参与短期、高强度地区冲突的能力。[19] 虽然中国大陆的解放军能力正在增强，但外部的不稳定和不确定性需要解放军立即做出反应。此外，中国在海上交通线（sea lines of communication, SLOC）运营和国际反海盗行动方面的专业知识已经趋于成熟。此外，救灾和联合国维和任务行动正稳步增加。

"中国国际经济利益日益扩大，需要中国人民解放军海军在更遥远的海域开展任务，以保护中国公民、投资和重要的海上交通线。"[20]

自 2015 年以来，中国国际基金和总部设在中国的跨国公司增加了中国对外直接投资的范围和数量，激发了对更复杂的安全服务的需求。如果中国公司在愈发危险的地区运营，或是管理层在政治不稳定的地区寻找有利可图的交易，那么相关管理人员专注于手机应用程序，查看有关全球安全的最新消息，或获取财政基金投资所在特定区域的最新消息的情况就会很常见。

五、从非洲丛林战争到阿富汗：反雇佣兵法的演变

1960 年代，在非洲后殖民战争期间，私营军事公司所扮演的角色报复性地重新出现。为了避免规模小但训练有素、全副武装的雇佣兵所造成的损害和动荡，1977 年《日内瓦公约》（Geneva Convention）增加了《附加议定书 I 》（Additional Protocol I）[21]。要想定义为"雇佣兵"，必须满足一组严格的六项要求。"雇佣兵"被定义为：

1. 从国内或国外特地招募，用于在武装冲突中作战

2. 事实上直接参与了敌对行动

3. 参与敌对行动主要是出于自身利益的驱使，由冲突一方或冲突一方的代表给出的物质赔偿承诺，大大超过了承诺或支付给该方武装部队中等级与职能类似的战斗人员的物质补偿

4.既不是冲突一方的国民，也不是冲突一方控制领土内的居民

5.不是冲突一方武装部队的成员

6.并非由冲突当事双方之外的国家所派遣的作为其武装部队的成员而执行公务

此外,《附加议定书Ⅰ》第108条[22]再次强制规定雇佣兵无权获得战斗人员或战俘待遇。自1960年代以来，联合国越来越关注"雇佣兵活动"，强调更好地参与国家与其他行动者之间的互动，试图规范现代私营安保服务业，并使企业在尊重人权方面负起责任。1989年，联合国发布了一套法规草案，以控制和限制雇佣兵的招募和雇用。该草案于2001年通过。[23]

对这些定义的一种批评声是，它们与特定的地区和历史时期有关，例如非洲后殖民战争；因此，如不经过适当的修改，它们不可能适用于当今环境。20世纪对私营安保力量的需求与非洲后殖民战争相比，在行动参与者和环境方面大不相同。即使是为在阿富汗冲突期间规范私营安保行业的最新的政策建议，也不是基于当地的实际情况，而是基于伊拉克以前的成熟经验制定的。此外，国际社会对私营军事公司的作用日益增大深信不疑，反而却把立法监管和执行留给了各

个国家的国内法律法规。[席莫（Scheimer），2009 年] 根据
《附加议定书 I》和《日内瓦公约》，民间承包商的法律地位
取决于其工作性质和国籍，涉及参战人员的国籍以及他们没
有主动参与冲突的事实。因此，作为非战斗人员但提供安全
支持的安保服务提供者将被归类为有权受到《日内瓦公约》
保护的平民。然而，当携带武器的任务执行人员面对直接威
胁或感知到威胁时，或者当他们提供增加当地进攻能力的训
练时，这些定义会变得模糊。另外，包括美国和中国在内的
一些国家没有认可前面提到的联合国第 44/34 号决议。

当今政治和经济全球化进程迫使跨国公司，尤其是与能
源和其他自然资源开采有关的公司，在局势动荡地区开展业
务。在这方面，私营安保公司填补了弱小国家的警察和军队
无法保障安全的空白。目前，从中国方面来看，有关增长中
的私营安保行业的叙述与提供军事服务或提供军事装备无关，
因为中国自 1979 年以来并未主动参与战争。尽管如此，对当
地人才的搜寻已开启挖掘数量逐渐增长的中国军事人员的进
程，这些人要么在海外担任过联合国特使，要么负责过外交
安全事务。关于这个问题的几篇文章都提到了来自雪豹突击
队（Snow Leopard）、人民武装警察、特种武器和战术部队

（SWAT）以及更隐秘的特种部队的安保员。[24] 现实情况是，潜在的安保员人选包括前中国军事人员，他们接受了武警的培训，并拥有在保利金康科迪亚集团（Poly Golden Concordia Group）等石油和天然气国有企业的安全部门工作的经验。其他安保人员尽管没有接受过正式的军事训练，但也有充足的经验，从 2008 年在北京奥运会期间作为反恐官员接受军事训练以保护奥运村，到在伊拉克有数月临场经验的武术专家。在一些情况下，安保员的简历会包括其在国外提供私人服务的时候已获得的相关资格证书，例如安全驾驶证书、心肺复苏术和战斗伤口治疗技能，以及为了就业而在以前的新疆维吾尔自治区的特警队中磨炼，或在博鳌亚洲论坛期间担任两栖作战专家等经历。[25]

　　武力使用的概念演变要求创造出许多国家尚未理解的新范式。与此同时，提供私营安保服务却并不是一种新现象。不过，在最近两场伊拉克战争中发展起来的现代私营安保公司经过两次伊拉克战争的演变，将对经济力量如何被用来改变国家和非国家行为者的方式产生影响。另一个将引发对中国私营安保公司进行详细推敲考量的方面是先发制人使用武力的可能性，这种行为跨越了私营安保服务与正式军事力量之间的细细的分界线。提供安保服务的私营安保公司与提供军事力量的私营安保公司之间的法律界限最初似乎很容易确认。然而，重要的是要注意私营安保公司的"被动服务"如何被刻意用于转化为或增强军事能力，并且必须被视为某种潜在的军事力量倍增器。"提供此类服务会涉及到平民对专业知识的耳濡目染，这直接增强了受援国的军事和安全能力。私营军事产业提供的所有服务都直接影响并有助于国家对合法暴力的垄断。"［奥尔蒂斯（Ortiz），2007年］前南斯拉夫军事职业资源公司（Military Professional Resources Inc., MPRI）的案例说明了战斗增强服务会如何改变冲突的结果。1994年，美国国务院与军事职业资源公司签订合同，以提高克罗地亚军队对阵塞尔维亚人的战斗力。1995年，克罗地亚军队发动"暴风作战"，以解放自称为塞尔维亚人自治区的克拉伊纳（Krajina）。克罗地亚的迅猛惊人的胜利迫使塞尔维业人在同年年底前上了谈判桌［阿万特，《武力市场：安全私有化的后果》（Avant, *The Market for Force: The Consequences of Privatizing Security*），2005年］。

尽管如此，中国不太可能出现例如"执行结果"（Executive Outcomes, EO）或"沙线"（Sandline）这样臭名昭著的私营安保公司。1990 年代，南非私营安保公司"执行结果"成为提供训练有素的雇佣兵的行业典范，从安哥拉和塞拉利昂内战中获利。同样，"沙线"——一家与"执行结果"有关联的英国公司——为巴布亚新几内亚政府镇压叛乱分子直接提供战斗人员。在这两个事例中，小规模但是有效地去雇用训练有素、配备先进的硬件和战术的雇佣兵使得当地政府能够镇压住反抗力量。这些私营安保公司甚至还提供空中支援，例如"执行结果"部署了一架私有的俄罗斯米－24 雌鹿（Mi-24 Hind）武装直升机［佩尔顿（Pelton），2006 年］。

自第二次伊拉克冲突以来，非国家实体的角色以私营安保公司的战略和运营部署为特点，某种程度上由于国际边界模糊以及中央政府和私营安保公司的作用难以区分等因素。在灰色地带不断合法化的同时，越来越多的私营安保公司已经根据市场需求，将服务从被动武装安保转变到包括押运军事装备等在内的武装后勤，以填补其中的安保真空。伊拉克战争和阿富汗战争，虽然情况不同，却都见证了叛乱分子癌细胞式的扩散转移，战争成本高达近 5 万亿美元[26]。因此美国在这场"永无休止的战争"[27]中面临多重冲突，没有能力提供足够的"能够流利使用阿拉伯语、波斯语、普什图语和乌尔都语等语言的士兵、外交官或情报官员……经过冷战后的裁军，美国军队缺乏足够的部队来控制阿富汗和伊拉克，因此，五角大楼做任何事情都严重依赖安保承包商"[布特（Boot），2014年]。

在阿富汗冲突期间一直在追踪安保承包商雇佣情况的一位欧洲高级外交官，用一句简洁的句子概述了暴力私营化："当我登上一架离开喀布尔的军用飞机时，我看到了这群大胡子的男人，戴着时髦的太阳镜，配备各种各样的武器。这个场景让我想起了曼佐尼书中的亡命之徒。"[28]

六、定义、问责制和透明度的缺乏

在政府的各个委员会中，我们必须防止军事—工业联合体横加影响，不管是有意还是无意。错位权力的灾难性崛起，这种可能性存在，并将持续存在。——1961年1月17日，美国总统德怀特·艾森豪威尔（Dwight Eisenhower）

影响对私营安保行业进行学术研究的问题之一是缺少

第一手的数据来源。私营安保行业缺乏透明度，国家给予的保护、无法追踪国际资金转移、政府的自满情绪使人们对于这个问题视而不见，所有这一切都令数据来源检查和事实验证变得很难。尽管如此，二手信息仍在学术中被错误地视为第一手来源而被滥用，而且造就了一些开始富有自我生命力的谬见。在好几次关于中国安保公司的国际研讨会上，活跃在中国香港的俄罗斯私营安保公司的数量已经飙升到几十家，它们是在每一次新的研讨会上加入其中的。这一趋势始于一位中国学者在 2015 年瓦尔代俱乐部（Valdai Club）论坛上"听说"俄罗斯承包商在香港的数量正在增加。虽然中国香港是注册离岸公司的有利地点之一已不是什么新闻，但多数俄罗斯私营企业更喜欢在塞浦路斯或迪拜放置其离岸账户。然而，在若干个关于私营安保公司的学术研讨会上，俄罗斯私营安保公司的实际办事处和人员每年以两位数的速度增长的说法已被作为硬数据提出。而且，大多数注册在中国香港的公司只有一个虚拟离岸办公室和一个银行账户，这么做是为了避免俄罗斯政府监管——在处理大额资金转账时因加诸俄罗斯政府的制裁和环球银行金融电信协会（SWIFT）的监控而引发的问题（《福布斯》，2015 年）。中国香港作为俄罗斯私营军事公司中心的数据出现在 2012 年，同莫兰安全公司——俄罗斯一家注册于圣彼得堡的私营安保公司一起。《丰坦卡河》(*Fontanka*) 29 岁的记者丹尼斯·科罗特科夫 (Denis Korotkov)[29] 随后调查发现，在中国香港注册只是为了一个离岸地址，以便达到其金融目的。《俄罗斯刑法》第 359 条 (1996 年) 规定，士兵不得从事以金钱为目的的活动。在 2013 年对第 208 条进行了修订，目的是禁止俄罗斯的公民在不领薪水的情况下参与武装冲突。这一举措与进一步限制雇佣兵的作用无关，而是为了寻找法律依据来起诉越来越多的"圣战"分子从高加索地区转移到叙利亚，以扩大"伊斯兰国"队伍规模。此外，也有俄罗斯私营安保公司与叙利亚冲突有关，该公司在中国香港注册的名称为"斯拉夫军团公司"(Slavonic Corps Ltd)。据称，该公司利用俄罗斯雇佣人员给叙利亚总统巴沙尔·阿萨德 (Bashar al-Assad) 提供支持。2013 年 10 月，"圣战"网站"Kavkaz 中心"公布了关于一名俄罗斯雇佣兵在霍姆斯市附近的一场小规模战斗中丧生的文件。然而在此事件中，这位由斯拉夫军团雇用、莫斯科私营军事公司莫兰安全集团转包的雇佣兵被证明仍然健在于莫斯科。除了俄罗斯雇佣兵之死的判断有误之外，这一消息还引发了一系列针对俄罗斯雇佣兵在叙利亚保护阿萨德政权的指控的调查。《丰坦卡河》记者的一系列报道发现，莫兰董事长、俄罗斯联邦安全局预备役中校维亚切斯拉夫·卡拉希科夫（Vyacheslav Kalashikov）已将267名做好战斗准备的俄罗斯雇佣兵转包给斯拉夫军团公司（Slavonic Corp），以抵挡反阿萨德叛军。在试图重新夺回帕尔米拉以东地区行动失败返回后，联邦安全局为进行审讯暂时拘留了这批人，随后莫兰的副总裁瓦迪姆·古谢夫（Vadim Gusev）由于触犯《刑法》第359条禁止招募雇佣兵而被捕。在这方面，雇用私营公司所提供的看似可信的推诿，对俄罗斯联邦来说是有利的，以便其公开否认对阿萨德的支持。否认莫兰和斯拉夫军团等私营企业的行动，让俄罗斯政府得以避免一场国际事件，直到空袭行动开始才公开支持阿萨德政权。

从新闻业的角度来看，对这一领域的兴趣自从尼苏尔广场枪击事件致使美国私营安保公司黑水公司倒闭以来急剧增加。遗憾的是，大多数描述往往夸大其词，将私营安保公司的工作人员描述为"为财而战""战争之犬""许可杀人"或"不幸士兵"。这种看法使对私营安保产业的研究变得畸形。

自战争开始以来，私人军队的作用一直与冲突的商业化有关。相比于私营军事公司，私营安保公司规模较小，其"杀伤性的潜力"（killing potential）是保护其客户资产——无论是工人还是基础设施——的保险。就像军队一样，私营安保公司使用武力主要是为了威慑，只有在最后关头才会真正使用武力。从五角大楼在伊拉克和阿富汗冲突期间中得到的教训是，与公共部门相比，对私营安保公司的过度依赖并不会提高效率或节省成本。同时，武装安保公司的过度自信阻碍了政府赢得民心的努力。私营安保公司的装甲车队在巴格达或喀布尔混乱的街道上高速行驶，接送贵宾或运送国防部物资，同时发射武器以避免与迎面驶来的车辆接近，这对于后勤和安全来说或许是有意义的。然而，安保公司在以这种方式实现其目的的同时，由于没有遵守适用于军警人员的统一规则，从而忽略了战后国家建设的更广图景。

私营安保服务所填补的安保方面的空白表明，与被动安保进行区分，对雇佣兵做出明确的、多方同意的定义的迫切需要是存在的。中国安保市场目前不需要如武装反应、武装航空部队、军事后勤和囚犯审讯等在最近由美国挑起的冲突期间发展而来的全方位服务。尽管如此，伊拉克和阿富汗的先例，可以令中国安保市场在发展过程中避免重蹈覆辙。私营安保工作人员包括武装承包商，即使他们属于军事结构中的一部分，也不能被定义为民间军事人员。中国的情况更类似于伊拉克的美方安全承包公司美国-伊拉克解决方案集团（American-Iraqi Solutions Group，AISG，以下简称"美伊集团"），而非黑水公司。该公司[安德斯（Andress），2007年]成立于伊拉克，是一家由伊拉克金融家支持、前卡斯特战役公司（Custer Battle）的人员组成的当地私营安保创业型企业。该公司为美国的维稳工作提供建筑和后勤服务，其采用避开了重型装甲车队和过于高调的雇员的"低于雷达飞行"（flying below radar）的方法。雇用人员主要是前军事人员和工程组成的美国专家支持下的库尔德自由军战士（Peshmerga）和其他当地人员，美伊集团在应对当地威胁方面采取了一种更为微妙的方式。与此同时，该公司在伊拉克叛乱地区工作的建筑工人遇到了与联军士兵相同的威胁和风险：叛乱分子袭击、简易爆炸装置和自杀式爆炸。美伊集团的这种情况，根据联合国的定义，公司的安保人员显然不能被定义为雇佣兵。虽然公司的主要合同关于基础设施建设，例如建设 IT 网络或工地管理，但他们不得不依赖武装人员。此外，该公司在伊拉克活动期间，有几名雇员在叛乱分子的炮火中死亡。虽然在与美国政府签订的合同下运作，但诸如美伊集团这样的公司仍在当地法律法规、国际规则和适用于承包机构的法律——这些法律作为美国维稳工作的一部分，受美国政府和美国军队的管辖——的夹缝中运作。

2010 年 11 月，由联合国委托并由全球调查公司（Global Research）［普拉多（Prado），2016 年］进行的调查，指出使用私营承包商的主要隐患如下：

> 他们对平民和国际人权法构成威胁。……"私人承包商雇员""私人士兵"或"雇佣枪手"，不管如何称呼私营军事和安保公司雇用的人员，其是平民，却通常全副武装，这使他们的活动造成负面影响。在工作组审查过的这些公司雇员中，曾经发现犯下一系列侵犯人权的行为：草率处决、酷刑、任意拘留行为……此处私营军事安全公司在寻求利润时似乎忽略了安全问题，并且没有保障员工的基本权利，经常将他们的员工置于危险和脆弱的境地中。

从一个更加以中国为中心的视角来看，中国军阀的历史遗产，令人对任何类型的私人士兵的概念整体都产生了深刻的不信任。因此，不难预测，中国主要的私营安保企业在寻求提高经营能力的过程中，将面临重大限制，尤其是如果这些私营企业只与顶级国有企业建立合作关系。这一点是至关重要的，以避免国有企业只顾追求自己的利益而没有与国家利益协调一致（刘，2010 年）。与此同时，对中国政府来说，控制国有企业的对外投资和运营，尤其是那些与海外账户间资金流动有关的活动，将是相当具有挑战性的。在这种情况下，私营安保公司可以从中国人民银行管辖范围以外的国有企业资本账户获取资金。"一带一路"沿线的新经济足迹令中国迫切需要私营安保公司，与此同时，局部高强度冲突和反恐的新趋势已使现代军队的运作需求更多地依赖特种作战部队、空中力量、动态无人机任务和情报收集。中国的这些需求与合格人员短缺有关，但西方军队继续认为，私营安保承包商的角色是一个可行的选择，可以替代常规的地面部队，以及由特种部队引导空中支援和精准攻击。

注 释

1 国际安保规范协会于 2010 年在瑞士成立，是属于国际私营安保市场规制的主要法律文件《蒙特勒文件》监管框架的一部分，以规范私营军事安保公司。

2 http://icoca.ch/sites/all/themes/icoca/assets/icoc_chinese3.pdf

3 北京银盾安防服务有限公司，华威国际安全服务有限公司和华信中安安全服务公司（北京）。

4 http://icoca.ch/

5 根据 2016 年 6 月 29 日全国人民代表大会常务委员会上的财政部报告，中央政府计划 2015 年公共安全预算达到 1542 亿元人民币（其时约合 246 亿美元）。

6 2009 年国务院令（第 564 号）《保安服务管理条例》。英文版 http://www.lawinfochina.com/display.aspx?lib=law&id=7779

7 出处同上，第 8 条。

8 出处同上，第 45 条。

9 2002 年发布的中华人民共和国国务院令第 356 号《专职守护押运人员枪支使用管理条例》。英文版 http://www.lawinfochina.com/Display.aspx?lib=law&Cgid=40814

10 澳大利亚外交和贸易部档案：http://foreignminister.gov.au/releases/2009/fas090709.html

11 美国安全公司（American Security Company），成立于 1997 年，当时名为黑水美国公司，提供从培训到私人军事的安全服务，于 2009 年更名为 Xe 服务公司，并于 2011 年被出售并更名为阿卡德米公司（Academi）。随后，阿卡德米公司被康斯泰控股公司（Constellis Holding）收购，其母公司也是类似的私营安保公司三叶丛林公司（Triple Canopy）。

12　2007 年，在巴格达，17 名伊拉克平民被黑水公司一个装甲车队的安保员枪杀。截至 2014 年底，美国联邦地区法院判决 4 名安保员谋杀、过失杀人和武器指控罪名成立。

13　1991 年海湾战争后，混合型威胁以现代形式诞生，这是一种不受限制的威胁活动的复杂组合，这些活动抵制法律编纂，产生了一个充满矛盾阐释的迷宫。混合概念超过了传统的对威胁描述和有组织的集体暴力应用的认知边界。少校布莱恩 P. 福勒明（Brian P. Fleming），美国陆军，2011 年。

14　鲁珀特·史密斯（Rupert Smith），《武力的效用：现代世界的战争艺术》（"The Utility of Force: The Art of War in the Modern World"），企鹅出版社，2006 年。

15　2015 年 11 月采访中国对外承包工程商会（消除歧义：该协会的"承包商"一词涉及的是参与基础设施项目和相关分包的承包商，而非专指安保承包商）。

16　20 世纪 20 年代的中国军队装备精良。布鲁斯·埃勒曼（Bruce Elleman），《现代中国战争（1795—1989 年）》（*Modern Chinese Warfare, 1795-1989*），战争与历史，劳特里奇出版社，2001 年。

17　"……从 1916 年的约 50 万到一年后的 70 万。到 1922 年，当大战开始时，有 120 万武装人员……1925 年，这个数字上升到了 140 万。随着国民党和北洋军阀之间的斗争在 1926 年开始升温，这个数字已经上升到 160 万，并且在这些战役结束时达到了 200 多万。"菲利普·乔维特（Philip Jowett），《中国军阀军队：1911—1930 年》（*Chinese Warlord Armies 1911-1930*），鱼鹰出版社，2010 年。

18　出处同上。

19　2016 年 4 月 26 日，美国国防部向国会提交的《关于中华人民共和国 2016 年军事与安全发展》年度报告。

20　出处同上。

21 1949 年 8 月 12 日《日内瓦公约》关于保护国际武装冲突受害者的附加议定书（第一号）第 47 条。

22 国际红十字委员会（ICRC），第 108 条。https:// ihldatabases.icrc.org/customary-ihl/eng/docs/v1_rul_rule108

23 《反对招募、使用、资助和训练雇佣兵的国际公约》，1989 年 12 月 4 日，第 2163 号联合国安全公约（U.N.T.S.）第 75 条；同时，联合国秘书长潘基文在 2013 年联合国大会前发表讲话，紧急审查雇佣兵在维和安保工作中的使用情况。"联合国工会认为，这种做法正在损害联合国，使工作人员面临越来越大的风险，而且是在联合国管理层侵犯工作人员就业权利的令人担忧的背景下发生的。"http://staffcoordinatingcouncil.org/attachments/article/191/ UN%20 report%20working%20group%20mercenaries.pdf

24 他们似乎还吸引了更广泛的中国民众的关注；《环球时报》转载了一篇博客文章，点名称雪豹突击队将被派往苏丹营救 29 名被绑架的中国人。https:// jamestown.org/program/assessing-chinas-response-options-to-kidnappings-abroad/#sthash.vYSZ3knS.dpuf 也可参见《环球时报》2015 年 4 月 8 日的《训练有素、野性不服：中国精锐雪豹突击队》（"Trained and untamed: China's elite Snow Leopard Commandos"）。http://www.globaltimes.cn/content/915758.shtml

25 一名专门为私营安保公司介绍中国军队退役军官的中国招聘人员，所提供的私营安保公司简历摘要。上海，2016 年 12 月。

26 http://watson.brown.edu/costsofwar/

27 "美国已经进入了一个永无休止的战争时代。美国军队已经连续 15 年处于战争状态，而且战争还没有结束的迹象。奥巴马总统很快就会成为美国历史上唯一一位在两届总统任期的 8 年里都处于战争状态的总统。美国战争的传统逻辑——美国将通过压倒性的武力来动员、战斗、取胜并结束战争——似乎不再适用。今天的战争更多的是灰色地带的冲突，战争没有明确的形式，甚至没有明确的结果。和平与战争之间日益模糊的界线给美国军方、民选官员以及整个国家带来了一系列新的挑战。"2015 年 5 月 19 日,大卫·巴诺(David W. Barno)和诺拉·本萨赫勒(Nora Bensahel),《在"灰色地带"的战斗和胜利》("Fighting and winning in the 'gray zone'")。

28 "勇士 / 亡命徒(bravoes/bravi)是 16 和 17 世纪意大利当地领主雇用的雇佣兵,他们服饰华丽,咄咄逼人。"在上海与之前派驻阿富汗的欧洲高级外交官进行非正式讨论(2016 年 11 月)。

29 圣彼得堡派遣安保承包商前往叙利亚(2013 年 11 月 15 日)。http:// www. interpretermag.com/st-petersburg-sends-contractors-to-syria/

参考文献

Abrahamsen, R. 2010. *Security Beyond the State: Private Security in International Politics*. Cambridge: Cambridge University Press.

Amey, S.H. 2004. *The Politics of Contracting*. Project On Government Oversight (POGO), June 29. http://www.pogo.org/our-work/reports/2004/gc-rd-20040629.html. Accessed 2015.

Andress, C. 2007. *Contractor Combatants: Tales of an Imbedded Capitalism*. Nashville, TN: Thomas Nelson Publishing.

Andrew Ericson, G.C. 2012. Enter China's Security Firms Chinese Private Security Companies Are Seeing an Opportunity as the U.S. Withdraws Troops from Iraq and Afghanistan. But plenty of Complications Await them. *The Diplomat*, February 21. http://thediplomat.com/2012/02/ente. Accessed 2015.

Avant, D.D. 2005. *The Market for Force: The Consequences of Privatizing Security, Cambridge University Press*. Cambridge.

Boot, M. 2014. More Small Wars. Counterinsurgency Is Here to Stay. *Foreign Affairs*, Number 6 November/December.

Chan, A.B. 2010. *Arming the Chinese: The Western Armaments Trade in Warlord China, 1920–28*. Vancouver: UBC Press.

China Daily. 2004. Eleven Chinese Workers Killed in Afghan Attack. *China Daily*, June 10. http://www.chinadaily.com.cn/english/doc/2004-06/10/content_338324.htm. Accessed 2016.

Elleman, B. 2001. *Modern Chinese Warfare, 1795–1989*. New York: Routledge.

Fairbank, J.K., K.-C. Liu, and D.C. Twitchett. 1980. *Late Ch'ing, 1800–1911. Volume 11, Part 2 of The Cambridge History of China Series*. Cambridge: Cambridge University Press.

Forbes. 2015. Russia to Retaliate if Bank's Given SWIFT Kick. *Forbes*, January 27. http://www.forbes.com/sites/kenrapoza/2015/01/27/russia-to-retaliateif-banks-given-swift-kick/#5350dfa576df. Accessed 2016.

Gray, C.H. 1997. *Postmodern War*. London: Routledge.

Gray, C.S. 2009. *Chapter 10: Small Wars and Other Savage Violence*. Oxford: Oxford University Press.

GSA. 2008. *Division A: Department of Defense Authorizations*. Public Law No: 110–181, January 28. http://www.gsa.gov/portal/mediaId/184487/file-Name/National_

Defense_Authorization_Act_2008.action. Accessed 2017.

Hart, B.H. 1932. *The British Way in Warfare*. London: Faber.

Jowett, P. 2013. *China's Wars: Rousing the Dragon 1894–1949*. Oxford: Osprey Publishing.

Liu, H. 2010. Leashing the Corporate Dogs of War: The Legal Implications of the Modern Private Military Company. *Journal of Conflict & Security Law* 15: 167–168.

Molly Dunigan, U.P. 2015. *The Markets for Force. Privatization of Security Across World Regions*. Philadelphia, PA: University of Pennsylvania Press.

NATO. 2016. On Deterrence: … After the Fall of the Berlin Wall, a Long Period of Denial of Deterrence Followed. The Alliance Dramatically Downsized Its Forces (Conventional and Nuclear) and Persistently Reduced Defence Spending. *NATO Review Magazine*. http://www.nato.int/docu/review/2016/Also-in-2016/nato-deterrence-defence-alliance/EN/index.htm?utm_source=twitter&utm_medium=smc

Ortiz, C. 2007. The Private Military Company: An Entity at the Center of Overlapping Spheres of Commercial Activity and Responsibility. In *Private Military and Security Companies. Chances, Problems, Pitfalls and Prospect*, ed. Thomas Jäer and Gerhard Kümmel. Leiben: VS Verlag.

Parello-Plesner, J., and M. Duchâtel. 2015. *China's Strong Arm: Protecting Citizens and Assets Abroad*. London: Routledge.

Pelton, R.Y. 2006. *Licensed to Kill, Hired Guns in the War on Terror*. New York: Crown.

Powell, R.L. 2015. *Rise of the Chinese Military Power*. Princeton, NJ: Princeton University Press.

Prado, J.L. 2016. *The Privatisation of War: Mercenaries, Private Militaries and Security Companies (PMSC)*. Global Research, 9 April 2016 and U.N. Working Group on Mercenaries and Global Research.

PTT. 2016. *Phoenix International Think Tank*. 检索来源 : Haiwai anquan guangli baogao (Overseas Security Management Report). http://pit.ifeng.com/event/special/haiwaianquanguanlibaogao/

PWC. 2016. Global State of Information Security Survey. *PwC Global*, October. https://www.pwc.com/sg/en/risk-assurance/assets/gsiss/global-state-ofinformation-security-survey-2017-sg.pdf

Scheimer, M. 2009. Separating Private Military Companies from Illegal Mercenaries in International Law: Proposing an International Convention for Legitimate Military and Security Support the Reflects Customary International Law. *American University International Law Review* 24 (6): 3.

Security & Technology Protection. 2016. *Bao An Yu Jishu*, July.

Shanghai Daily. 2016. Collaboration in Policy-making Urged for the Belt and Road' Initiative. *Shanghai Daily*, November 18. Accessed 2016.

Singer, P.W. 2003. *Corporate Warriors: The Rise of the Private Military Industry*. Ithaca: Cornell University press.

Smith, R. 2006. *The Utility of Force. The Art of War in the Modern World*. London: Penguin.

Strachan, H. 2013. *The Direction of War. Contemporary Strategy in Historical Perspective*. New York: Cambridge University Press.

'The Chinese Army During the 1920s were Remarkably Well Armed and Equipped' Bruce Elleman 'Modern Chinese Warfare, 1795–1989'. 2001. Warfare and History Routledge.

UNTS. 1989. *International Convention Against the Recruitment, Use, Financing and Training of Mercenaries Art. 1*. U.N.T.S. Art. 1, December 4.

Xenophon. 1998. *Xenophon 'Anabasi'*. Trans. by C.L. Brownson in Loeb Xenofon Classical Library Vol. III. Harvard University Press.

Xie Wenting 'Chinese Security Companies in Great Demand as Overseas Investment Surges' June 23, 2. h. 2016. Chinese Security Companies in Great Demand as Overseas Investment Surges. *Global Times*, June 23. http://www.globaltimes.cn/content/990161.shtml. Accessed 2016.

Xin, L. 2015. Private Security Companies Struggle to go Abroad Due to Legal Restrictions. *Global Times*, December 23. http://www.globaltimes.cn/content/960208.shtml. Accessed 2016.

Xin Hua. 2015. Chinese President Strongly Condemns Mali Hotel Attack. *Xin Hua Net*, November 21. http://news.xinhuanet.com/english/2015-11/21/c_134840105.htm. Accessed 2016.

第三章

保护中国的
海外利益

摘要　　丝绸之路的历史遗产使中国的"一带一路"倡议成为一项无关霸权战略的纯粹的贸易促进活动而可以被接受。在"一带一路"所到之处已经发生了几起事件，这是因为企业缺乏社会责任感，以及防止环境退化、避免工伤事故和解决腐败问题的相关政策缺失。这些事件加剧了紧张局势，导致中国工人和当地工人出现对峙情况。当今世界局势不稳定，从恐怖主义威胁到非国家行为体发起的混合冲突，都需要立即做出政策反应。鉴于此，为应对新风险和安全需要，必须采用规范性方法，规定私营安保公司的权限。

关键词　丝绸之路·混合冲突·雇佣兵·"一带一路"倡议的安保问题

一、丝绸之路：古代问题的现代解法

　　中国历史上的疆域扩张将整个亚洲连在了一起。此前，这些交通网络曾受到月氏，特别是匈奴人的阻碍。匈奴是中亚地区像斯基泰人（Scythiansin）一样的游牧民族，他们一直引人担忧，但又是重要的牲畜贸易伙伴……［彼得·弗兰科潘（Peter Frankopan），《丝绸之路：一部全新的世界史》（*The Silk Roads: A New History of the World*）］

　　丝绸之路的历史遗产使中国的"一带一路"倡议成为一项无关霸权战略的纯粹的贸易促进活动而可以被接受。与此同时，近几个世纪以来，海上和陆路丝绸之路一直面临着从海盗入侵到游牧部落袭击等广泛的安全威胁。"一带一路"倡议的现代"商栈"（caravansaries），则是中国为填补亚洲 8 万亿美元的基础设施缺口而正在建设的铁路网络和港口。

因此，中国的海外利益正在促使几十年来的"互不干涉内政"原则发生改变。在"一带一路"所到之处已经发生了几起事件，这是因为企业缺乏社会责任感，以及防止环境退化、避免工伤事故和解决腐败问题的相关政策缺失。这些事件加剧了紧张局势，导致中国工人和当地工人间出现对峙。在 2016年之前，金融风险被认为是"一带一路"倡议面临的唯一挑战，而犯罪和政治暴力问题一直被人们忽视。因此监督和管理体系需要建立起来。此外，美国从雇用私营安保公司中吸取的经验和教训也许会适用于中国，以避免代价高昂的失误。

古丝绸之路经济带和 21 世纪海上丝绸之路的复兴旨在促进世界互联互通和贸易活动。在现代，古丝绸之路的形象往往建立在一种刻板印象之上，即商队在东西方之间运送丝绸和香料。集市、商人和骆驼——从中国西安出发、途经异国城市如布哈拉（Bukhara）和撒马尔罕（Samarkand）——的想法使丝绸之路的梦想得以实现。商品通过长达 8000 多公里的路线，经由印度北部、中亚和帕提亚帝国（the Parthia

Empire），最终送达罗马帝国远东边界的客户手中。那时，出口商品不仅仅局限于丝绸，香料、瓷器、食用油和奢侈品也是繁荣市场的核心商品。

正在影响世界的中国和丝绸之路沿线的集市从这个贸易网络中获利，然而源源不断的财富也吸引了包括土匪、有组织犯罪集团在内的劫掠者，以及为其保驾护航的雇佣兵军队。沿途的商栈不仅可以供商人存放货物和休整，也可为出售武力的冒险家和职业军人寻得出价最高者。

中世纪晚期，欧洲凭借海路转向重商主义，陆路贸易的货物数量和价值随之减少。与此同时，为确保贸易线路的安全，打击海盗势力的必要性随之增加。人们重新对欧亚陆路产生兴趣是在苏联解体之后。中亚的石油和天然气资源吸引了渴望开发丰富自然资源的全球和区域强国。20世纪90年代以来，关于复兴丝绸之路就有多种叙述——美国和欧洲提出的"新丝路计划"、俄罗斯提出的"钢铁丝绸之路"，以及中国倡导的复兴"丝绸之路经济带"。由于已投入庞大的资金，中国在"一带一路"倡议的领导力成为全球公认的这个领域的主导。"一带一路"倡议包括陆上交通和海上交通，这有利于形成欧洲、东亚、中东、南亚和欧亚（Eurasia）之间的新联系。中国努力推进"互联互通"旨在填补亚洲 8 万亿美元的基础设施缺口〔肯尼（Cainey），2016 年〕。尽管大多数批评者称"一带一路"倡议缺少详细的蓝图，但为避免被视为"霸权主义"，中国政府更倾向于将之界定为"倡议"，而非"战略"。中国的软实力就像是一条连接中国和世界的"新丝绸之路"，目的就是缓解人们将中国崛起视为一种威胁的担忧。

今天，现代商栈指的是"一带一路"倡议沿线的铁路网络和港口。新的网络枢纽如古代的客栈一样，连接贸易路线，使货物得以持续流通。继 2008 年美国次贷危机引发的经济停滞之后，中国承诺加强贸易，加大资本投入，推进现代互联互通。因为仅仅关注经济和贸易，大多数"一带一路"倡议的沿线国家都试图在中国的对外投资中占有更大的份额。与此同时，正如古丝绸之路一样，财富的突然涌入引发了新的威胁和风险。如今，从中亚到巴基斯坦，从索马里海岸再到马六甲海峡，"一带一路"倡议所特有的地缘战略和地缘经济环境都具有高度不安全的特性。

同样地，保护现代商栈免于罪犯和政治暴力侵害的一个解决之道，可以从私营安保公司处寻来。

伊拉克和阿富汗冲突使得私营安保公司被再度大肆宣

传，战事合同涉及的资本和人力呈指数级增长，但"一带一路"倡议对安保的需求则不会需要投入之前同样规模的资金。就此而言，谈私人武装市场迎来黄金时代还为时过早。在近年的冲突中，以美国为首的联军每年向私营安保公司支付数千亿美元，与此相比，"一带一路"沿线与私营安保公司所签订的服务将只有相当于其零头的一小部分。就安保方面而言，中国对"一带一路"沿线较混乱地区的投资尚未落实，这些投资只是未来即将出现的安全问题的某种不祥先兆而已。然而，"一带一路"沿线的几个国家已经受到了来自不稳定的社会局势和动荡的政治局势的影响。因此，私人安保承包商的新一轮发展，正是准备好去满足国有企业基础设施建设中所产生的安保需求。由此可得，由私人提供的安全、情报和后勤服务本身就成了"新丝绸之路"市场下的一种商品。而中国国有企业不愿为复杂的安保服务付费，与"一带一路"项目多半为基础设施建设有关。虽然这些企业在建设发电厂、修筑公路和铁路上的能力无可匹敌，但一旦将工程分包给规模更小的中国企业，就意味着利润空间会十分有限，从而限制了用于购买安保服务的资金量。

二、"一带一路"风险概述

当今世界局势不稳定，从恐怖主义威胁到非国家行为体发起的混合冲突，都需要立即做出政策反应。鉴于此，为应对新风险和安全需要，必须采用规范性方法，规定私营安保公司的业务范围。

就中国而言，对风险的主要关注仍大多集中在项目财务的可行性上。在这方面，中国相关法律的完善十分迅速，具体规定了在海外投资的中国国有企业应如何规避和管理金融风险。

中国发改委在 2004 年发布的《境外投资项目核准暂行管理办法》（"Interim Authorization Criteria for Overseas Investments"）中，对境外投资条件作了详细规定，但对境外国有企业会面临的安全威胁仍未给予足够的重视。

最近的一个例子是，中国在利比亚的投资完全缺乏地缘政治风险方面的保险。在穆阿迈尔·卡扎菲（Muammar Gadhafi）政权的鼎盛时期，中资企业在利比亚的项目涉及金额超 200 亿美元，而在卡扎菲政权倒台后，参保的金额和被追回的钱款加起来仅有数百万美元。[1]

中国政府通过国务院国有资产监督管理委员会（State-owned Assets Supervision and Administration Commission of the State Council，SASAC，以下简称"国资委"）对国有企业行使监督权，且在 2011 年，该委员会出台了新的风险控制措施。[2] 尽管国资委一直发挥着监督作用，但大部分的决策权仍归属于国有企业的内部结构和少数拜占庭式官僚层（byzantine bureaucracy），这使得国有企业的企业管理可以规避政府监管部门的有效监督。所以，国有企业能够制定独立的海外投资战略，而唯一所需完成的要求便是在其年度投资计划中包含一个概要陈述。施行强制性监管审批的部门不仅包括发改委，还包括商务部，这使得人们更加不确定谁是主要监管部门。此外，如果海外投资与国有企业的主营业务范围不同，还另需获得国资委的批准。遗憾的是，因为这些中国企业在国内尚未感受到它们将在海外面临的暴力行为，因此风险评估及其缓和措施，就过度侧重于项目的财务部分。除此之外，在海外项目中，中国国有企业习惯雇用中国工人，而且往往认为海外工作条件与国内完全相同。因此，在出现工人纠纷或外部问题时，他们习惯于来自中央政府的迅速帮助。然而，"一带一路"沿线的真实情况并非如此。

"一带一路"涉及 60 多个国家，不同国家当地的条件存在广泛差异。从某种意义上讲，中国企业在"一带一路"沿线的任务只共享一个共同点：高度复杂性。

每一个项目——从中巴经济走廊（价值 630 亿美元），到埃塞俄比亚欧加登盆地的天然气管道（Ogaden Basin Gas Pipeline，价值 50 亿美元），再到阿富汗梅斯艾纳克铜矿（价值 30 亿美元）——都需面临不同层面的复杂问题，包括财务、技术、管理、政治和人身安全风险。问题越复杂，风险越高。

除去金融领域（债券、股票、基金、期货）的投资，中国海外利益面临的主要风险可概括为三个层次：

1. 责任（一般责任、第三方责任、雇主责任、环境责任等）

2. 建设——商业

3. 政治风险——恐怖主义——绑架和勒索——刑事风险

其中，第三种风险对中国在雇用私营安保公司时需要做出何种反应具有直接影响。尽管能源领域在风险管理及其缓和措施方面已经达到一定程度的成熟，大多数中国国有企业和民营企业也有意成为"一带一路"的积极利益相关者，但他们始终未意识到这一倡议的复杂性。一些国际安全服务商曾强调，由于先前的"不幸经历"[3]，中国国有企业中具备风险评估、风险管理和风险缓解能力的只有能源企业。自 21 世纪初，人们一直猜测，与西方能源企业相比，中国能源企业所受攻击次数之所以一直有限，是因为中国是全球市场的后来者。可以合理地猜测，保密制度的要求、透明性的不足，如何导致涉及中国国有企业此类事故的公开资料的缺乏。很可能中国国有能源企业已经吃到了苦头，已经学会了如何应对安全风险。

推动中国私营安保行业市场壮大的一股新力量来自保险业。中国保险业可能会成为现实市场上的一只"看不见的手"，推动发展中的中国私人安保行业形成良性竞争。尽管中国大陆的对内保险市场蓬勃发展，但与中国对外直接投资相关的对外保险服务仍处于起步阶段。此外，"一带一路"倡议在全球经济体系中引发的变革，将增加保险服务业的利润，这会提高针对私人安保行业的可用资本投入。由于保险行业需要确保"一带一路"沿线基础设施项目的及时交付，行业内的损失规避趋向会促进更多有能力的私人安保企业被雇用。中国中央政府对实现中国的海外利益的支持，再加上保险业为确保项目及时交付而采取的刺激措施，都将有助于加深人们对风险评估、风险转移和风险缓解的理解。

三、中国的海外利益

2016 年 7 月 12 日，据南苏丹卫生部消息，周五（7 月8 日）发生的冲突造成至少 271 人丧生。联合国安全理事会（以下简称"安理会"）发表新闻声明，称 15 个安理会理事国强烈谴责朱巴（Juba）的战斗升级，并向遇袭牺牲或受伤的中国维和人员的家属表示同情和慰问（新华网，2016 年）。

炮火肆虐朱巴，其中一发炮弹击中一辆联合国装甲车，造成 2 名中国维和人员牺牲。如今，中国在苏丹的石油领域投资占外国投资的 75%，[4] 而南苏丹正在向中国投资银行寻求另一笔高达 19 亿美元的贷款，用于投资关键基础设施。[5]

在中国国有企业经营地区，中国"蓝盔部队"（blue helmets，即联合国维和人员）数量的增多，是中国对外步伐日益增长的一个趋势。在关注中国海外利益的同时，我们注意到，作为中国外交政策重要支柱之一的"互不干涉内政"原则发生了深刻转变。中国中央政府对海外安全的关切可以被囊括在中国海外利益的定义中：维护贸易、保障中国公民安全和保护海外基础设施，特别是矿业、天然气和石油供应路线——这些对中国经济转型至关重要。

中国一直在加大参与维和行动的力度。这一变化不仅限于维和人员的数量，中国蓝盔部队的角色也从非战斗部队（工兵和医疗兵）向武装步兵部队转变。中国的联合国维和人员仅在苏丹就有 1000 具有作战能力的单位（units），是广大中国人民解放军非战争军事行动（military operations other than war，MOOTW）的一部分（China Military.com，2017 年）。然而，虽然中国维和人员数量激增，中国政府领事保护能力也得到大幅提升，中国公民在海外，尤其是在非洲地区，遭遇的暴力事件数量却也在迅速增加（《中国日报》，2016 年 a）。

中国的海外利益可分为以下几类：

· 建筑项目承包

· 自然资源获取

· 外国技术获取

· 海外市场开拓

· 金融投资工具

中国的海外承包公司，特别是重工业和建筑施工公司，是新丝绸之路的首批获益者。在中国经济增速放缓趋于"新常态"（new normal）之时，自 2011 年以来，受冲击最严重的正是那些如今正接受由"一带一路"建设合同输入救命血液的行业。中国政府针对"一带一路"所提出的新计划，不仅将推动中国重工业领域的复苏，而且已经在增强投资者——从钢铁厂到水泥厂等整个建筑业——的信心。在经过了5年多大宗商品价格连续下跌和工业产能过剩问题加剧之后，[6]人们已对该行业重拾信心，正在"一带一路"沿线建设的国有企业也纷纷开始再次投资。由政府主导的国际性投资，使重型机械销量实现了自2011年以来的首次增长。例如，到2016年底，中国对挖掘机的总体需求飙升了50%。由于"一带一路"倡议（彭博社，2016年）对未来的合同和收益做出了承诺。不过遗憾的是，截至2017年初，少有迹象表明人们对提高国有企业安保等级感兴趣。[7]国有企业的风险认知能力以及为国际专业安保服务付费的意愿仍然较低，中国领先的私营安保公司也仍在为成为中国海外利益的服务提供者而努力。

获得自然资源和保护物流供应线同样也是中国海外利益的基本组成部分，这二者对维持中国经济增长所需的战略性能源和资源通道至关重要。

1993年，中国成为碳氢化合物的净进口国，能源安全成为中央政府工作的重中之重。中国能源战略规划围绕三大核心展开：战略储备、获取全球多种能源以及提升优化分配和消耗效率。

在这一方面，选择中亚作为自然资源供应地，是中国政府为促使其中东海运供给实现多样化所做出的努力之一[布兰克（Blank），2006 年]。中亚地区的"一带一路"建设，对中国国家能源安全具有重要战略意义。自土库曼斯坦（Turkmenistan）天然气管道建成后，中国国有能源企业逐渐打破了俄罗斯在该地区的市场垄断。[8]事实上，选择土库曼斯坦并非偶然——因为该国拥有世界上最大的天然气储量。

连接土库曼斯坦和新疆的天然气管道是中土全面合作的缩影，该管道全长 1833 公里，预计每年向中国输气 250 亿立方米。此外，中国对中亚"一带一路"沿线能源行业的并购活动中，有一些值得关注的案例，例如中石油收购了哈萨克斯坦卡沙甘地区（Kashagan）8% 的采矿权和钻探权以及里海（Caspian Sea）的另外一些钻探权，两者分别价值 50 亿美元和 30 亿美元。随后，中国政府在哈萨克斯坦也展开活动，其中有哈萨克斯坦国家石油公司（KazMunaiGaz）与中石化间的合作（始于 2005 年），以及一系列收购交易的启动——这些收购帮助中国能源国企在哈萨克斯坦占据了战略性关键地位。另外中国还收购了哈萨克斯坦石油公司（PetroKazakhstan）。哈萨克斯坦石油公司成立于加拿大，其所有资产全部都在哈萨克斯坦境内。此次收购确保了中国对哈萨克斯坦部分油田（距离中哈输油管道不远）拥有完全所有权。上述的这些地区都需要安保工作涉足，为此，中国私人安保企业竞相争取。当地政府和安保公司们也争着与中国私营安保公司合作，为中国工人和基础设施建设提供安保服务。与此同时，与中亚地区的私营安保公司共同训练且没有语言障碍的俄罗斯私营安保公司也开始对为中国提供安保服务方面表现出兴趣。

正如中国采矿项目在非洲大陆发生的那样，由于对当地社区的环境和社会带来了负面影响，中国在中亚的能源投资一再成为人们关注的焦点。尽管中国中央政府努力推动企业社会责任政策意识，但一些人仍认为，中国企业的一些政策在耗尽当地资源，却没有对当地社区产生积极的经济溢出效应。就此而言，国有企业社会责任感的缺乏和中国私营安保公司对人力资源的最低投入，这二者的结合意味着某种危险，可能引发中国工人与当地工人和社区之间的暴力对抗。相关事件比比皆是。在吉尔吉斯斯坦，数千名中国工人受雇于基础设施项目和矿山工程。当地人便开始怀疑中国人会占据人口主流。后来，怀疑情绪逐渐失控，暴乱随之而来〔瑞

可顿（Rikelto），2014 年］。在哈萨克斯坦，国际危机组织
（International Crisis Group，ICG，2015 年）在报告中称，阿
克托比的工人告诉危机组织，在石油丰富地区出现了中国工
厂的身影——同时涌入了大量中国工人——这意味着哈萨克
斯坦人将面临不公平的薪资待遇、不安全的工作环境和更少
的工作机会。但顾虑也是双向的。一位中国石油企业的高管
说，他宁愿在非洲工作，也不愿在阿拉木图（Almaty）工作，
因为他和家人每天都要受到歧视。

　　2015 年和 2016 年，中国对外直接投资激增，向世界展示
了一个更加自信的中国。[9] 因此，人们对中国海外利益的关切
及其必然性不断增加，这鲜明地凸显出中国的核心国家利益
与海外利益的拓展和安全之间的联系愈发紧密。随着中国作
为国际投资者的地位不断上升，仅 2015 年一年，中国企业的
并购规模就达到了 610 亿美元，同比增长 14%。尽管中国整
体对外直接投资仍仅占全球并购市场的一小部分，但在 2016
年上半年，也已跨过 1000 亿美元的门槛。习近平主席自 2015
年 9 月的纽约联合国总部演讲 [10] 和 2016 年 6 月二十国集团峰
会（G20 Summit）演讲 [11] 以来，一直强调全球贸易保护主义
倾向升温带来的风险，也尤其关注中国"走出去"的步伐。

中国领导层认为，保护主义是中国出口面临的最大风险，同时，他们也注意到中国企业在过去几年掀起了新一轮的跨境并购浪潮。[12] 在与长期区域性基础设施投资相关的政治和金融风险方面，不可预测性和不确定性则是中国政府的主要关注点。与此同时，他们逐渐意识到安全威胁迫在眉睫。

在 2015 年的《中国的军事战略》白皮书中，中国首次将维护海外利益作为中国人民解放军的战略任务之一。

中国国家主席习近平——同时兼任中央军委主席——表示，中国军队必须与时俱进，规模需更加精干，作战能力更强，结构更加优化。[13] 2015 年 9 月，在习近平主席的推动下，中国人民解放军开始进行结构改革和军力优化，在 230 万现有军队员额基础上，裁减 15%。根据中国新的科学军事原则，裁减军队员额是为了打造一支核心精锐作战力量，推动军队向更加精简高效的方向发展。作为商品贸易总量最大的贸易国，中国的海外利益体现的是邓小平提出改革开放这 30 多年间所积累的国际影响力。自 2001 年加入世界贸易组织以来，中国出口商品份额增长了三倍，中国的重商主义已成为世界贸易体系的一个关键组成部分。2009 年，中国成为第一商品出口大国，2013 年成为世界最大贸易国，出口总额达 1.9 万亿美元（彭博社，2013 年）。2015 年至 2016 年，中国在与美国争夺世界领先经济地位的竞争中发现仍存在差距，但以"一带一路"为先导的新一轮投资浪潮有望填补这一差距。

四、全球利益 vs. 全球雄心：灵活运用"互不干涉"原则

> 如今，中国面临两难：中国没有任何全球安全方面的野心，但它的利益已是全球性的。（周，2015 年）

位于吉尔吉斯斯坦首都比什凯克的中国驻吉尔吉斯斯坦大使馆遭爆炸袭击后，外交部发言人华春莹当天就重申[14]，驻外人员的安全至关重要，外交部正在采取预防措施，确保中国驻外人员的安全。此次事件是对"一带一路"倡议的首次公开打击，虽然性质并不严重，但敦促中国政府重新思考了一个问题——中国投资的所在国是否能够保证中国公民的安全。为此，中国在吉布提（Djibouti）建立了第一个海外军事基地。这是中国扩大军事网络的起点，目的就是为海外中国公民提供

安全保障，并确保海上丝绸之路上的货流稳定。

吉布提是中国作为世界性力量进行全球性拓展的第一个里程碑。过去，西方[15]和中国分析人士都认为，中国对外国商业港口设施的投资将使中国扩大其海上军事力量。人们也普遍认为，中国对外国民用港口的投资可能意在建设前沿军事基地。但事实与上述预测皆相反，中国人民解放军海军选择从零开始，在吉布提建立第一个海外军事前哨，彰显了中国保护不断扩大的海外利益的坚定决心。虽然规模和数量还无法与美国的 42 个海外军事基地相提并论，但世界地图上的这个代表着中国军事力量进入印度洋的小点，在不久的将来将会受到关注。"虽然西方国家一直鼓励中国参与维和及其他多边行动，但吉布提军事基地的长期存在，与美国行动针锋相对，或有可能导致冲突上演。"[佩奇（Page），2016 年]

然而，对于中国 40 年来坚持的"互不干涉内政"原则的演变，吉布提是一个中枢。1953 年，周恩来总理提出了和平共处五项原则，这是中国外交政策的基础，"互不干涉内政"原则就是其中之一。

尽管如此，中国和国际学术界关于"互不干涉内政"原则的辩论仍在持续（杜懋之，2014 年），中国政府也已开始采取务实积极的态度，维护其核心海外利益。"互不干涉内政"原则是在与如今不同的国际关系背景下提出的，当时中国正在遭受"百年耻辱"[16]所带来的长期创伤。然而，随着冷战后的全球化进程和中国作为世界强国的崛起，"互不干涉内政"原则的限制有所放宽。与此同时，对这一长达几十年之久的坚持仍为中国的软实力提供了策略性回旋余地。因此，当中国处理东海问题的方式使一些人对中国的"和平崛起"产生了怀疑时，实际上从吉尔吉斯斯坦到克里米亚，"互不干涉内政"原则早已在多个领域受到挑战。此外，一些著名的中国学者已经开始探讨"建设性介入"或"创造性介入"[17]的可行性。对于"互不干涉内政"原则在促进中国海外利益的效用问题上，许多中国学者仍然持有共同的观点，这个观点体现了非霸权主义的设想。此外，中国也多次表明，在不打破几十年以来坚持的社会主义发展中国家形象的情况下，可以调整"互不干涉内政"原则，使其符合自己的利益。在提高人民解放军海军蓝水军事能力（blue water capabilities）（埃里克森，2016 年）的同时，中国一直在中央政府的方针指导下保护自身日益增长的国际利益。而从实践上看，雇用中国私营安保公司对中国的"互不干涉内政"原则既有积极的影响，也有消极的影响。

中国在参与"一带一路"建设的几个国家引发的经济和政治变革效果表明，采取一种多矢量（multi-vector）政策以用中国的经济实力去平衡美国的军事实力是具有必要性的。这方面的样板，例如中亚国家在俄罗斯安保服务和中国投资之间达到了动态平衡（阿尔杜伊诺，2015 年 a）。在欧洲大陆，中国政府的主要担忧在于中国市场与自然资源供应的整合。与此同时，俄罗斯将前苏联加盟共和国纳入欧亚经济联盟，与中国展开了公开竞争。中国的一体化以国家的经济实力为重点，而俄罗斯的一体化则以国家的军事实力为基础。欧亚国家对中国的态度不像对俄罗斯那样焦虑。其中一个原因是，莫斯科将欧亚视为一个平台，为的是保证其大国地位，而中国"和平崛起"的关注点仍在经济力量。这就意味着，如果中国政府能接受莫斯科提供安保服务，那么中俄两国相互竞争的势力范围能得以平衡。

俄罗斯的一些具有经济头脑的思想家指责这一行为，称其使俄罗斯沦为保卫中国经济发展的"安保公司"。但克里姆林宫——有着重视硬实力甚于软实力和经济实力的强大传统——并未感到困扰。[18]

随着中亚国际关系多矢量政策的实施，吉布提等国正在制定自己的平衡战略——在这种情况下，即以中国经济实力对冲美国军事优势。

五、保卫"中国梦"：缩小经济外交和安保能力间的差距

中华民族伟大复兴的中国梦（新华社，2016 年），推动着中国在 2020 年全面建成小康社会，如今正着眼于保持经济发展的积极势头，并计划实现国内生产总值以每年 6.7% 的速度稳步增长的目标。中国希望保持稳定的经济增长速度，发展有能力消化内部工业产能过剩的国内市场，并向附加值更高的经济模式转型。"一带一路"倡议的提出，正是为了这些目标的实现，促进中国经济通过软过渡向新模式转型。与 2001 年中国加入世贸组织时所作的假设相反，中国新的经济模式并不是由经济自由化主导，而是由国有企业牵头的、自

上而下的国家主导模式。从上世纪 90 年代的整合时期开始，新国企不断崛起，2012 年的反腐运动加速了这一进程。因此，大浪淘沙之后的国企，不仅其商业影响力得以扩大，政治影响力也得以增强。2012 年 12 月，中国共产党第十八次全国代表大会，新一届领导人宣誓就职，习近平主席首次提出"中国梦"这一概念，指明了中国共产党和中国的新方向。虽然"中国梦"背后的理念仍缺乏一个详细的定义，但之前所提出的"和谐社会"与"和平崛起"这两个关键想法，以及内部稳定和财富创造，仍然是更广阔宏图的一部分。此外，中国需要一个稳定的国际环境，确保供应链和出口市场路线的安全。"中国梦"因此也是中国向国际社会发出的关于社会稳定和财富创造的呼吁。中国领导层一直强调"一带一路"的全球互联互通在"中国梦"中的重要作用。2014 年 11 月，在中国举行的北京亚太经合组织（Asia-Pacific Economic Cooperation，APEC）峰会指出，自由贸易、更加完善的通讯基础设施和便利的投资环境可以增强人类命运共同体意识（新华社，2014 年）。

此外，"中国梦"以及相关的在"一带一路"沿线地区和包括非洲、拉美等地在内的关键地区的安全问题，是检验中国是否拥有实现"安全梦"能力的试验场。"一带一路"倡议下的中国经济外交案例，有一个就发生在中国对泰国铁路网升级项目的第一轮竞标失利之际。2013 年，中、泰两国政府宣布计划建设两条总长近 900 公里的双轨高铁计划。而泰国议会在国际竞标者的压力下，否决了这项提议。但就在一年后的 2014 年底，同一届议会批准了这一提议，因此中国企业有望为泰国建设新的铁路网（《中国日报》，2016 年 c），并获得泰国农产品和橡胶出口的重要份额。

　　虽然中国国有企业在参与海外竞争时得到了中国银行体系下经济外交的全力支持，但安保行业必须在中国更高层次的金融和政治体系中扎根。中国没有美国那样可以向政府游说的"军工复合体"。并且，与保利科技（Poly Technology）或中国北方工业总公司（Norinco）等中国企业相比，如罗索博龙（Rosoboron export）[19] 这样的俄罗斯"军工复合体"，对俄罗斯政府产生的政治影响力似乎也更有效。[20]

　　自习近平时代以来，中国的经济外交一直以高铁、能源和信息通信技术（Information and Communication Technology, ICT）基础设施互联互通为先导（《中国日报》，2016 年 b）。然而，其安全与风险评估能力仍然落后，总投资额达 630 亿美元的中巴经济走廊就是对这一事实的最有力证明。中巴经济走廊包括了一系列可能在"一带一路"沿线地区各处出现的不稳定环境的危险组合。中国为促进巴基斯坦互联互通付出了努力，而这期间充斥着技术、金融、安全和政治风险。此外，项目交付时间紧急，将不会提供很多与安全需求本地化相关的学习经验。遗憾的是，"摸着石头过河"的中国商业模式并不符合当前的安全形势。市场对武装和有效安全服务供应的需求意味着一旦失败就没办法重来。

尽管中国已经在全球范围内展示了其在经济项目竞标和中标方面的韧性和能力，但人们仍然对这些新宏大项目的正面溢出效应表示怀疑。中国国有企业习惯于在无风险的国家环境中运营，在这种环境中，主要安全问题与危险的工作条件或是与因不满业主拖欠工资而引发的工人群体抗议有关。中国在这方面的负面事件包括天津港口爆炸（《今日新加坡》，2015 年）和江西发电厂倒塌（《卫报》，2016 年）等悲剧，这两起事故共造成几十人丧生。当前，充斥着政治暴力和犯罪暴力的国际局势，为习惯于在国内和中央政府支持下运营的中国国有企业提供了不同的环境。

国际风险管理实践正慢慢进入中国国有企业和在海外进

行投资的民营企业。尽管中国一些顶尖企业已经达到了西方同行的标准，但其余多数企业从未考虑过地缘政治风险等相关威胁。来自能源、保险和信息技术行业的中国的跨国公司已经展示了其风险测绘和情景分析的能力。这一大批具有风险意识的公司充分认识到了风险测绘对于识别当前的漏洞和未来的威胁的价值。在中石化等中国能源企业内部，它们有能力设立一个专门分析各类风险的智囊团，并与国际安全提供商和其他智囊团开展合作。此外，虽然人们普遍认为实时监测不断变化的政治威胁对人力要求较高，但这一大批企业仍将此作为风险防范的重要组成部分。尽管经济回报远远超过情景分析的成本，但中国国有企业内部拥有这种能力的只占少数。多数情况下，这项工作——帮助中国企业发现对外直接投资中与政治动荡、恐怖主义威胁，以及中国投资对当地利益相关者的溢出效应相关的缺陷——需外包给外国专家。管控地缘政治风险并不是一个新课题，但全球化背景下的新技术所带来的节奏，往往会在全球范围内迅速产生连锁反应。最近，中国在斯里兰卡的投资最近引发了抗议，这表明了一个事实——中国耗资 50 亿美元新建的港口项目和 1.5 万英亩的工业经济开发区不仅可能创造 10 万个就业机会，还会激起抗议者的愤怒和不满（《经济学人》，2017 年）。

在国企的业务会议上，人们基于"一带一路"的潜在贸易线路描绘了假想的图景，营造出了一种机会众多的氛围，但这与项目的经济可行性评估则是完全不同的问题。将"一带一路"的每个项目定位到它本身的地理边界和社会政治边界，就会凸显出在项目开始前和进行时的那些当地风险，将会如何影响项目时间和成本评估。因此，综上所述，"一带一路"整体叙事的主要特征是其复杂性。

"一带一路"的复杂性不仅与当地的具体问题有关，还与邻国对地缘政治的担忧有关，比如俄罗斯对中国在中亚的投资感到不安，或者印度对中国向巴基斯坦提供高达 630 亿美元的巨额经济支持感到不安。与此同时，推动"一带一路"倡议落地生根所面临的威胁，将加快采用成熟风险管理工具的进程，促进被国际认可的国内私营安保公司实现必要增长。中国在基础设施、物流和信息通信技术方面的对外投资脚步不断加快，这推动了中国对供应链的进一步整合，也使其能更易进入国际市场。因此，整合中国安保服务商到更广阔的武装市场只是一个时间问题。开明的管理者和政策制定者是否能够推动成熟的私营企业得到发展，抑或是中国工人用鲜血所付出的代价能否换来人们对加强安保服务的呼吁，这些仍有待观察。"一带一路"建设的总体叙事与新贸易路线的效率有关。那些新的物流中心按设想是用来降低贸易壁垒，促使中国资本注入大型基础设施项目的。不过在金融法律体系正在快速建设的同时，安保行业却未能同步。不幸的是，"一带一路"的主流叙事太易使人忽视地方安保隐忧和地缘政治整体上的不稳定。

对此的进一步支持不仅可以借助保险业，而且可以借助一些新金融机构的干预来推动。其中，这些金融机构是中国政府在新千年之初出资设立的，例如亚洲基础设施投资银行，其法定资本为 1000 亿美元；新开发银行（New Development Bank，也称金砖银行，英文名为 BRICS Bank），其法定资本为 1000 亿美元；以及新丝路基金（New Silk Road Financial Foundation），其法定资本为 400 亿美元。这些以中国为首的机构的出现，在推动全球治理转向贸易共享，以及多边安全问题上发挥了重要作用。自 2001 年加入世贸组织以来，以国家为中心的国际贸易方式发生了从接受规则到制定规则的概念性飞跃。虽然中国对安保工作优先采用政府对政府的方式，但新金融机构的干预可能会引出一种多边方式——多国参与定义和提供私人安保服务。

自 2000 年以来，中国逐渐适应了西方主导的多边机构，如国际货币基金组织（International Monetary Fund，IMF）和联合国。10 年后，中国开始在国际关系中发展自己的机构，并稳步推进机构制度化建设。这些新选择与贸易和金融挂钩，但也有理由预测，像上海合作组织（Shanghai Cooperation Organization，SCO）等并非仅限于金融领域且中国在其中拥有更多影响力的多边机构，作用将愈发凸显。中国在这方面迈出的第一步便是要求上海合作组织加大情报信息交流，并要求组织成员跟踪并防止中国公民前往"圣战"分子控制地区接受军事训练。（杨，2016 年）

与国际公司一起进行多边投资可能会缓解中国国有企业的短中期风险，尤其是在安保领域。然而，政府间伙伴关系仍然深深植根在"一带一路"倡议中。并且中国政府倾向于将外国干预最小化，将之限制于中国企业尚无能力涉足的一些特定领域。尽管中国承诺采取更加市场化的方式，但基于五年计划的自上而下式的政府决策方式显然有着举足轻重的地位，并且中国政府从未停止对国有企业的支持。因此，中国政府没有推进人们期待已久的市场自由化和相关国企改革，而是选择了控制市场走势。

"一带一路"倡议对外资的开放程度，将决定当地居民以何种方式接受中国的投资和涌入的中国工人。在全球多个地区，人们对中国企业的不满，普遍来自国企产生的负面溢出效应和企业社会责任实践标准的缺失。

此外，中国保护主义的抬头——无论是真实存在的还是人们察觉到的——将增加中国劳工在海外面临的暴力和安全威胁。2014 年 5 月，越南发生暴力反华事件，凸显了全球政治问题以及当地对中国投资的不满情绪的相互交织。但中国投资者仍认为，越南是转移生产工厂的合适地点，因为越南工业园所处的社会经济环境风险低、较稳定，劳动力工资水平具有竞争力。2014 年 5 月 11 日，数千名和平示威者聚集在越南主要城市，抗议中国把石油钻井平台部署到越南宣称拥有主权的海域。5 月 14 日，越南平阳省（Binh Duong）工业区内发生多起骚乱，数十家中国工厂被洗劫并烧毁［爱娃·杜（Eva Dou），2014 年］。尽管抗议活动最初的导火索是围绕中国南海（South China Sea）争端的政治声讨，但无序暴力事件的增多与当地人对中国工厂工作条件的不满有关。据报道，骚乱致使数百人受伤，数人死亡。中国政府迅速做出反应，协助 3000 多名在越南的中国工人返回国内。

中国国家信息中心（State Information Center）在汇总分析 3000 亿条信息后，编著了《"一带一路"大数据报告（2016）》[BRI Big Data Report（2016）]。该报告指出，俄罗斯和哈萨克斯坦（王，2016 年）在 64 个与中国共建"一带一路"的国家中，合作表现分列第一和第二。报告从政策沟通度、设施联通度、贸易畅通度、资金融通度、民心相通度五个维度，对中国与"一带一路"沿线 64 个国家之间的合作情况进行测评。根据报告，泰国、巴基斯坦和印度尼西亚与中国合作最为紧密。报告还强调，在排名较低的 32 个国家中，中国仍需改善沟通和优化进程。但有关中国对外投资规模和相关统计数据以外，还缺失了一项数据：每笔投资的安全级别。北京大学翟坤教授的建议指向这个问题，他称"年度报告应该更关注战略指标，比如共同发展的贡献程度"（王，2016 年）。并且，在开展每个基础设施项目时，都必须对每项安全需求进行索引和评估，以便有清晰的把握，并务必计算出每个项目在全球产生的溢出效应。但即便对"一带一路"倡议采用上述这种更为广泛的研究方法，中国政府的战略规划中仍缺少关于安保的内容。

六、中巴“全天候友谊”

在中国近现代史上，一些中国观察人士将中国与其他国家的战略伙伴关系定义为暂时性合作，就像地缘政治均衡内的风沙一样，瞬息万变。因此，计划投资项目价值达 630 亿美元的中巴“全天候友谊”[卡巴拉吉（Kabraji），2012 年]出乎了人们的意料。提到中国对外直接投资，始终有必要把承诺的投资和实际已实现投资区别开来，上世纪 90 年代的非洲就是例子。大多数情况下，所述的数字并不等于已实现的投资，或者它们只是过去和进行中的对外直接投资总和。但就中巴经济走廊而言，即使 630 亿美元的总投资额还未完全到位，但毫无疑问，这就是中国对外投资规模最大的项目之一。中巴经济走廊是“一带一路”倡议的核心，不仅全体现在金融方面，也体现在地缘政治结构上。中巴经济走廊穿过了中国西部的新疆维吾尔自治区。在巴基斯坦的某些地区，种族冲突、恐怖主义威胁和地区间争端此起彼伏，使得“一带一路”沿线面临安全危机。此外，一些本应从中国投资中受益的中巴经济走廊沿线地区，可能会面临中国资金突然撤离的情况。比如由于伊斯兰堡方面的政治游说略胜一筹，中国将投资转向旁遮普省（Punjab）等较为发达的地区，可能引发反华情绪，因为这些地区没有做好从人民币的突然注入中获益的准备。

中巴经济走廊是中国通过铁路、港口和高速公路重振中亚至欧洲贸易的努力的重要组成部分。根据初步规划，总投资额中的110亿美元将专门用于互联互通和能源基础设施建设。2011年以来，随着美巴安全合作和经济合作的逐步弱化，中巴友谊逐步加强。尽管两国都极力赞扬"这种全天候友谊"，但此次合作并非基于相同的文化或意识形态价值观，而是基于务实的经济和安全"必需"。这些"必需"之处包括共同打击恐怖主义、平衡这一地区的印美关系等等。

自2010年以来，巴基斯坦的内部摩擦以及它与邻国之间紧张局势的凶恶混合，导致了其国内政治暴力升级。

暴力事件每天都在上演——从使用简易爆炸装置发动的袭击到对警察局和宗教建筑的袭击。仅在2016年，针对巴基斯坦塔利班以及逊尼派穆斯林虔诚军（Lashkar-e-Jhangvi）所展开的军事行动，就在俾路支首府奎达市（Quetta）引发了恐怖主义炸弹袭击，造成70多人死亡。[21] 然而，俾路支省的这起事件并没有引起太大关注，因为与塔利班和极端组织

"伊斯兰国"等在巴基斯坦边境活动的恐怖组织所构成的国际风险相比，这些事件只是局部威胁。不幸的是，经济走廊3条交通路线（西线、中线、东线——译者注）中的一条，预计穿越整个俾路支省。该省将成为关键战略地区，承载基础设施建设，并为中国商品从与中国接壤的巴基斯坦北部运入俾路支省西南部的印度洋港口城市瓜达尔提供便利。中巴经济走廊为拥有中国投资的巴基斯坦港口城市瓜达尔规划的蓝图，旨在大幅缩短中国和中东之间的运输时间。中国想要开辟一条通往印度洋的航线，减少对位于马来半岛和苏门答腊岛之间的马六甲海峡这一咽喉要道的依赖。作为中巴经济走廊的关键战略部分之一，瓜达尔深水港连接中国西部和阿拉伯海。此外，随着伊朗经济的开放和石油出口的增加，瓜达尔港的连接将为中国能源进口提供安全路径。而这一地区其他的西部通道，就不仅受到巴基斯坦内部紧张局势的影响，还受到印度与巴基斯坦边界冲突升级的影响。仅2016年，位于印度和巴基斯坦之间的克什米尔争议地区就发生了数次相互炮击。

2015年11月的第二周，首批从喀什市发出的货物，经由新疆维吾尔自治区，沿公路抵达瓜达尔，这预示着在未来两年，这条贸易通道将在此建成。正如中国驻巴基斯坦大使孙卫东所说，"这证明了当地道路已实现初步联通，'一走廊、多通道'理念正逐步成为现实"（《中国日报》，2016 年 b）。在巴基斯坦总理纳瓦兹·谢里夫（Nawaz Sharif）的见证下，中国船只首次抵达瓜达尔，这预示着巴基斯坦的战略地位和中国的基础设施项目将造福于大片地区，并推进中国、中亚和南亚的一体化（出处同上）。

巴基斯坦计划发展和改革部部长阿赫桑·伊克巴尔（Ahsan Iqbal）称，630 亿美元承诺金额中的四分之三以上将会在 2017 年落实。2016 年底，中巴经济走廊建设进展缓慢，为"一带一路"倡议的整体计划带来了挑战。正是中国政府承诺的 630 亿美元巨额投资使中巴经济走廊成为"一带一路"倡议的旗舰项目。所以，计划项目一旦夭折，可能会彻底动摇各方对这个全球化倡议的信心。

伊斯兰堡采取的第一个建立信任的措施是部署一支由15 000 人组成的、由陆军领导的部队作为安保力量，保护中巴经济走廊沿线工作的中国人员。[22] 中国对中巴经济走廊的巨额投资使人印象深刻，但与此同时，巴基斯坦部分省份的安全和政治环境令人担忧，这让"中巴走廊"形势复杂。由于私人武装服务的提供受到法律限制，因此先前在该地区运作的中国和国际私营安保公司的角色变得微妙。与此同时，军—民政府的竞争（military-civil government competition）——在安全预算控制和中巴经济走廊带来的现金流方面——也是中国政府担忧的另一个原因。

考虑到"一带一路"在巴基斯坦某些动荡地区面临的风险，以及"一带一路"经济与安保可能踏足的潜在地区范围，对中长期投资进行进一步审议是当务之急。

巴基斯坦的安保问题可以通过几种方式得到缓解，首先是那些可以为项目提供支持的金融工具。中国的外汇储备虽仍有能力负担"一带一路"倡议在最初阶段时所需的资金量，但更多的金融支持必须以债券和股票金融投资的方式在市场上寻得，因为中国不会无限期地支付所有账单。已加入亚投行或丝路基金的国际利益相关方可能会提供新的金融工具，但投资的可持续性与利益相关者的预期价值创造能力有关。不幸的是，事故、项目延误、恐怖袭击或地方政府对与中国国有企业合作有抵触情绪，以及自然灾害等无法控制的现象，都不利于私人企业参与。

"新常态"[23]经济模式下，中国提出了确保国内生产总值年均增长保持在 6.5% 的目标。在这种背景下，中国人民银行想更自由地动用外汇储备来支持"一带一路"倡议并非易事。

与金融复杂性一样，安保措施也需要从长远考虑。中国政府急于部署基础安全措施，以及开工建设，而巴基斯坦各部门仍在相互竞争，以决定各自的领导角色和利益。

除了中巴经济走廊资金可持续性（financial sustainability）或资金不足所带来的潜在影响之外，基础设施网络还涉及远离伊斯兰堡控制的省份——这些地区动荡不安，内部安保存在问题，行政能力也有限。虽然中国政府高度重视与邻国的合作，但与巴基斯坦的"全天候友谊"，并不能保证两国在省一级之间能促成同样的关系。

中国失去耐心的其中一个表现是，它急于将巴基斯坦军队纳入到总体投资规划的安保计划中。同时，巴基斯坦军方也对牵头中巴经济走廊项目感兴趣，但问题也随之出现。纵观巴基斯坦历史，民—军（civilian-military）关系始终脆弱且多变。巴基斯坦政府还面临着不同派系的压力，它们都在争夺中国项目的控制权。与此同时，巴基斯坦军方的投标并非完全不合理，因为巴军方内部已有能力提供工程师，并拥有基础设施项目方面的专业知识。[24] 因此，巴基斯坦军队的积极参与可能会提升中国政府的安全感。并且自 2016 年以来，中国已成为巴基斯坦的主要国防供应商之一（普林斯，2011年）。与西方国家不同，中国不太倾向于在国防装备方面对巴基斯坦实施出口制裁。中国向巴基斯坦出售 JF-17 战机，双方军队进行联合军事演习，都体现了两国高科技交流的高度。此外，作为中亚反恐行动的一部分，中国已开始向包括巴基斯坦在内的周边国家提供反恐装备。

此外，人民币的涌入已经使巴基斯坦的民—军关系出现裂缝。在资源更加匮乏的地方，军队和政府之间的分歧将进一步加剧。因此，那些与巴军方和地方警察有合作关系的中国私营安保公司，要获得许可就不仅要服从法治，还要依照各竞争力量之间的政治权力博弈。

巴基斯坦提供了大量设在从伊斯兰堡到卡拉奇等国内主要城市内的地方私营安保公司和国际私营安保公司名单。名单中出现了如在巴基斯坦首都伊斯兰堡和卡拉奇都设有办事处的杰富仕公司等国际企业的名字，以及巴基斯坦国内企业，如哈里斯企业安全（Haris Enterprise Security）、菲尼克斯安保（Phoenix Security）、齐姆安保（Zims Securities）、安保 2000（Security 2000）和瓦肯胡特巴基斯坦私营有限公司

（Wackenhut Pakistan Pvt Ltd.）等。

中国私人安保企业在巴基斯坦迈出的谨慎的第一步是选择与当地私营安保公司合作，中国人员在本国工人的居住区内担任安保管理员，巴基斯坦军队和外国私营安保公司则负责居住区外。中国公民所面临威胁的严重性以及整个巴基斯坦风险的复杂性，将是所有参与这类项目安保工作的中国私营安保公司的一个艰巨的基准。与此同时，失败和国际最佳实践将作为试验场，以便使"一带一路"全线采行更高效的安全模式。

七、中亚能源与安保网络

中亚错综的社会经济和政治转型形成了复杂的安全威胁和风险网络。在中亚，政治稳定的程度各不相同。哈萨克斯坦、土库曼斯坦和乌兹别克斯坦可以依靠丰富的自然资源和外国投资来维持政权的稳定，而塔吉克斯坦和吉尔吉斯斯坦正在为经济和社会政治稳定而努力。自 2008 年以来，中国与中亚五国的经济关系逐步扩展，不仅仅局限于贸易，还包含广泛的合作项目。与一些"一带一路"倡议合作伙伴相比，中国在以前所未有的速度对中亚进行投资。中国在中亚的投资模式类似于其在"一带一路"上所采取的：由商务部和中国国家开发银行、中国进出口银行等国有投资银行对优惠贷款实行直接管理（阿尔杜伊诺，2017 年）。中国与年轻的中亚共和国之间的经济协同，主要集中在它们对中国的石油、天然气和矿业出口，以及中国向它们的对外直接投资和消费品出口。

自 2013 年以来，"一带一路"倡议在中亚所覆盖的领域逐渐多样化，已从能源和采矿部门扩展到基础设施投资，并增加了物流重点项目。因此，为了加强中国新疆维吾尔自治区与中亚邻国的互联互通，中国升级公路网改造并修建高速铁路。新的吉尔吉斯公路和升级的乌兹别克铁路网也许只是中国国有企业在该地区所启动的合同的一部分。更为雄心勃勃的物流项目则与乌兹别克斯坦、巴基斯坦和阿富汗等国铁路扩建有关。尽管由于地缘政治方面的担忧，中亚区域一体化距离取得成果还有很长一段路要走，但人们希望整个中亚地区的"一带一路"项目能够加强与中国的市场一体化。

过去 10 年中国与各年轻中亚共和国的经贸合作不断加强，除此之外，一些安全威胁将影响中国的"一带一路"倡议。中亚的危险包括地方政治和内部权力斗争，以及针对中国影响力的历史成见。尽管官方称"一带一路"强调的是合作，但中国明显未得到当地民众的信任。虽然他们中的大多数对人民币的流入表示欢迎，但他们对中国工人的不满和恐惧也在蔓延。自19世纪沙皇统治时期起，宣传机器就激发了一种理念，让人们认为在当地人和愿意在中亚定居的中国移民之间存在人口不平衡［利姆（Lim），2013年］。尽管一份来自俄罗斯远东地区的近期实地调查数据［波尔佳柯夫（Portyakov），2006年］不支持关于中国工人会在中亚定居的猜测，但一个多世纪后，人口失衡这一假想概念却已经在中亚生根。

由于企业缺乏社会责任，以及旨在避免环境退化、减少工伤事故和避免腐败的政策的缺位，"一带一路"所覆盖区域都已经发生了严重事故。这引发了中国工人和当地民众之间的紧张和对抗。

与此同时，与政权不稳定相关的政治风险给"一带一路"投资长期回报的前景蒙上了阴影。土库曼斯坦"国父"和乌兹别克斯坦"国父"相继去世后的权力继承并未导致社会不稳定的预测，但对于哈萨克斯坦来说，现在排除年迈领导人在总统继承人这一问题上的威胁还为时尚早。除了不透明的领导层换届政策，再次爆发的分裂主义和对中国的不信任，也对跨国一体化构成了明显且现存的危险。

中国与中亚国家的交往与能源、政治、安全上密切相关。土库曼斯坦—中国天然气管道就是一个典型例子，这条管道不仅确保了天然气源源不断地流向新疆维吾尔自治区，还表明了土库曼斯坦政府放弃了之前的选择——俄罗斯天然气工业股份公司（Gazprom），转而选择了中国国有企业中石化。中国在中亚影响力的增长，可以视作是冷战结束以来北京和莫斯科之间权力平衡变化的副产品［埃德尔（Eder），2014年］。尽管在地缘政治博弈过程中，中国和俄罗斯找到了制衡美国影响力的共同点，但在中亚，它们的竞争是公开的。[25]并且，莫斯科对地区安全的牢牢把控，并不会像美国军事干预期间在伊拉克和阿富汗发生的那样，保证中国在当地投资的安全。

在中国和俄罗斯为区域经济发展而竞争的同时，两国在军事合作中找到了一条共同的道路，即抵制极端主义、分裂主义和恐怖主义这"三股势力"。[26]南亚和中亚不稳定的社会政治，不仅会影响中国西部边境，也会影响"一带一路"的欧亚大陆桥区段。此外，中国政府面临的威胁还有吉尔吉斯斯坦和塔吉克斯坦国内的脆弱政权，以及难以预测的年迈哈萨克斯坦开国领袖的继任问题。[27] 危机过后的连锁反应可能带来灾难性后果，而且人们也必须考虑新疆维吾尔自治区如果发生不稳定所带来的风险。就此而言，可以推断出海洛因、武器贩走私和洗钱活动将有所增加。然而，关于大批经验丰富的"圣战"分子将回国的猜测仍有待观察。2014 年以来，"东突厥斯坦伊斯兰运动"（East Turkestan Islamic Movement，ETIM，以下简称"东伊运"）声称针对喀什附近地区（新华社，2013 年）和新疆边境地区的袭击次数有所增加，但武器或战术复杂性方面的升级——通常意味着恐怖主义将进入新阶段——并未发生。中亚和中国之间的军事合作地位与上合组织多边合作框架密切相关，除此之外，见证了中国人民解放军和人民武装警察部队过去 10 年在上合组织国家边境举行的双边联合军事演习和训练项目的日益增多。特别是与塔什干地区多边反恐机构（Regional Anti-terrorist Structure，RATS）相比，[28] 中国与上合组织各成员国之间的双边演习和信息交流有所增加。因此，中国在中业领导性的经济步伐，将迫使其在此采取安保措施，开展政治活动（阿尔杜伊诺，

2017 年）。在政府对政府的合作模式以及上合组织多边合作的背景下，中亚安保市场的私营化不仅涉及对市场份额感兴趣的当地玩家，还涉及熟悉前苏联地区并具有俄语优势的俄罗斯私人安保公司。

八、阿富汗的大博弈

2014 年，美国和驻阿富汗国际安全援助部队（International Security Assistance Force，ISAF）部分撤出阿富汗，自此，巴基斯坦成为了中国在制定地区稳定新政策方面的重要盟友。从地缘政治上看，阿富汗是中亚和南亚之间的关键性地区。因此，阿富汗不仅与中国和中亚关系复杂，还与印度、巴基斯坦、伊朗和土耳其等几个地区大国的核心利益密切相关。中国的经济外交——相比于中国人民解放军的积极参与——更能够成为阿富汗稳定进程、中亚地区经济一体化两者之间的纽带（阿尔杜伊诺，2015 年 b）。中国做出的承诺，建设"一带一路"物流与经济基础设施和南亚与中亚贸易一体化，有望开启一个有效的稳定进程。从这个意义上讲，阿富汗连接着的"一带一路"南北运输线，影响着欧亚大陆桥。虽然中国政府对军事现代化的投资将在中长期内扩大人民解放军的权限和范围，但在短期内，中国影响区域结果的主要办法仍然包括使用经济工具（阿尔杜伊诺，2015 年 a），以及在雇用私营安保公司时采取积极主动的姿态。

2015 年是中阿建交 60 周年。在"一带一路"蓝图中，阿富汗不仅是邻国的代表，也是多个经济项目的重要参与者。此外，中国和俄罗斯都担心，喀布尔控制下的国家安全迅速恶化会破坏南亚和中亚的稳定，为宗教极端主义创造机会。如今，喀布尔周边地区的局势愈加不稳定，给中国在当地的直接投资蒙上了更大的阴影，迫使中国放慢未来发展的步伐。并且，喀布尔政权突然倒台，将对中国"一带一路"在中亚及中国西部边境的经济发展步伐形成更严重的损害。在俄罗斯举行的第 15 届上合组织峰会上，[29] 中国国家主席习近平会见了阿富汗总统阿什拉夫·加尼（Ashraf Ghani），承诺加强两国安全合作，为阿富汗国民军（Afghan National Army，ANA）提供安全装备和培训（新华社，2015 年）。此外，俄罗斯总统弗拉基米尔·普京强调了宗教激进组织在本地区的扩张所带来的风险，并保证加强部署在塔吉克斯坦的俄罗斯边境巡逻部门。³⁰ 尽管俄罗斯在叙利亚的强硬外交政策——包括精准空中打击和远程巡航导弹——已经展示了俄罗斯复兴的军事能力，但要预测现在这一地区会发生类似1979—1989年苏阿战争的军事行动是不现实的，因为这仍然是一个未愈合的伤口。中国之前在阿富汗的对外直接投资，总体步伐有所放缓，包括位于喀布尔附近具有象征意义的梅斯艾纳克铜矿项目 [31] 以及其他更雄心勃勃的基础设施项目，如连接巴基斯坦的铁路。引用中国商务部副部长高燕的话来说：

> 当前，中国国家主席习近平提出的共建"一带一路"倡议已经进入实施阶段。阿富汗是丝绸之路经济带沿线重要国家。中方赞赏阿方积极响应和参与丝绸之路经济带建设，将与阿方及其他沿线国家一道，充分发挥各自比较优势，推动发展战略对接，提升经贸合作水平，实现互惠互利、共同发展。[32]

在外交方面，中国积极参加与巴基斯坦、阿富汗外长间的三方会谈，以及阿富汗政府和塔利班之间的对话。中国的焦虑更多来自于遍布中亚地区的激进主义威胁，而不是阿富汗塔利班组织本身。在 2014 年 12 月和 2015 年 5 月，中国的外交官员积极推动阿富汗政府代表与阿富汗塔利班组织进行直接对话。2015 年 2 月，中国支持阿富汗外长和巴基斯坦外长间举行高级别对话，确定两国在一系列合作上所需的专业财政和技术知识，合作包括从伊斯兰堡到喀布尔的铁路建设和为两国提供能源的水电站等。当时，塔利班领导人毛拉·奥马尔（Mullah Omar）的死亡使谈判陷入停滞，而"伊斯兰国"武装分子在该地区的数量不断增加，进一步加剧了局势的不稳定性。无论如何，中国向调解人角色的转变代表着外交政策的转变。中国政府已经意识到，中国主动参与阿富汗事务可能会产生新的脆弱点。但事实上，中国政府在阿富汗一直保持低调，所以中国外交仍有很多牌可以打。在驻阿富汗国际安全援助部队的维和行动中，中国拒绝美国的军事车队在转移时借道中国领土，这使阿富汗民众形成了中国是"中立国"的看法。

中国能否在这个迄今为止已令诸多国家均以失败告终的领域取得成功？这个问题有待商榷。中国外交官的优势在于，他们所代表的是一个不断壮大的区域性大国，拥有巨大的经济资产，并且是少有的在阿富汗具有中立形象的国家。正如上文所述，北京没有向阿富汗派兵，其安全援助也一直是低调进行的。[魏茨（Weits），2015 年]

尽管如此，在外交上，中国愈发积极寻找可能的解决方案，以避免喀布尔陷落。俄罗斯、中国和巴基斯坦三方会谈在莫斯科举行，三国对"伊斯兰国"在阿富汗的影响力扩大深感担忧[霍布森（Hobson），2016 年]。阿富汗政府控制下的国家形势日益恶化，使得俄中巴三国逐步将塔利班纳入考虑范围。

阿富汗和其他几个国家已经接收了中国的技术和基础设施，作为交换，它们批准中国国有企业采集自然资源——这些企业将不得不竭尽全力保护中国利益和人员安全。目前，一些中国私人企业为喀布尔附近的中国石油和矿业公司提供安保服务（阿尔杜伊诺，2015 年 c），但私人安保服务急需升级。私人安保服务供应商呈现激增状态，但这其中也存在着一些障碍，包括反对私人武装安保服务的新法律，和美国雇用的跨国承包商在当地国家人民心中留下的污点形象。

与处理私营安保公司职责和义务有关的阿富汗问题，为中国的战略家和立法者提供了他们感兴趣的案例研究。有关阿富汗管理不善、失误和腐败的案例以及工人的生命安全受到威胁的事实表明，对于价值数十亿美元且在危险地区进行的项目，需要符合资质且有重大权力的人来确保工人的安全和项目的实施。在这类问题上一味地砸钱并不是可行的长久之计。近些年来，滥用资金与阿富汗军阀民兵组织、不负责任的国际私人军事公司签约合作，使得本已危急的局势进一步恶化。一个明显的例子是 2010 年 8 月，阿富汗总统哈米德·卡尔扎伊（Hamid Karzai）颁布了一项禁止使用私营安保公司的个人法令。该法令迫使国际私营安保公司在 2010 年 12 月前离开阿富汗。同时，该法令也显示了卡尔扎伊作为黑水公司这类国际私营安保公司的前雇主，为避免"可怕和悲惨的事件"，是如何看待不受欢迎的外国安保服务供应商的（路透社，2010 年）。

与此同时，该法令很好地凸显了一个事实，即不负责任的私营安保公司在微妙的局部平衡中可能引发性质恶劣的负面溢出效应。私营安保公司在阿富汗所犯下的暴行和无效行动在当今动荡的世界中可被作为一种参照，以防止历史重演。在卡尔扎伊总统执政期间，52 家注册的私营军事公司雇用了至少 3 万名军事承包雇员。[33]

与私营安保公司在阿富汗的所作所为有关的主要问题可概述如下：

·雇用当地部落民兵，利用他们所属私营安保公司的身份，去解决社会不睦，或利用枪支敲诈钱财

·非法贸易、获取和储备可能落入叛乱分子手中的武器

·机密信息的泄露使军队的努力付之东流

·难以获得当地民心

·吸引当地人才，从而破坏政府在加强国家政府和安全力量方面的努力

·助长腐败，包括贿赂叛乱分子以免受到攻击

·形成并行的安全结构

当时，在奥巴马执政期间支持这项禁令的前美军司令斯坦利 麦克里斯特尔（Stanley McChrystal）将军对驻阿联军过于依赖私人军事承包商表示不满［黑斯廷斯（Hastings），2010 年］。然而，恐怖主义和暴力犯罪在该国根深蒂固，迫使关于私营安保公司的这条禁令的执行速度放慢。因为不仅是美国军队，外交人员、非政府组织和新闻界都无法找到合适的替代办法来获得保护。

长期以来，中国一直担心阿富汗局势的不稳定会蔓延到新疆，并影响在巴基斯坦的投资。自 2015 年以来，人们一直猜测中国在阿富汗有军事存在。自以美国为首的联军撤出阿富汗以来，中国似乎在推动俄罗斯和巴基斯坦更深入地参与到喀布尔的事务中来。

> 对北京来说，稳定安全的阿富汗不仅对中国安全至关重要，也对中国在巴基斯坦不断增加的投资起着举足轻重的作用。[潘楚奇（Pantucci），2017 年]

中国政府日益成长为区域安全的践行者，也在加剧印度对中国支持伊斯兰堡的怀疑。在这方面，中国的确运用了多种方式，从多边区域组织诸如上海合作组织、亚洲相互协作与信任措施会议（Conference on Interaction and Confidence Building Measures in Asia，CICA）、伊斯坦布尔进程（Istanbul Process）到阿富汗、中国、巴基斯坦、塔吉克斯坦四国军队反恐合作协调机制（Quadrilateral Cooperation and Coordination Mechanism，QCCM）。喀布尔对中国私营安保公司的需求有所增加，这对中国政府来说也是其国际力量投送（nternational projection arsenal）的另一种方式。中国主要军事官员访问了喀布尔，并承诺在阿富汗进行大量基础设施投资，将其纳入"一带一路"倡议，这些都是对中国安保地位的证明。2016 年 11 月，中国外交部部长助理孔铉佑在喀布尔举行的正式会议上强调了连接奎塔、白沙瓦和喀布尔的铁路项目的未来发展。2016 年 3 月，中国军队参谋长＊访问喀布尔，证实了中国政府对阿富汗安全问题的直接介入。此外，在与阿富汗接壤的新疆维吾尔自治区，普林斯参与私人安保人员训练营的建设，这是中国政府向此方向迈进的又一步。中国新疆维吾尔自治区和阿富汗之间有长达 50 公里的边界线，但不透水（impervious）的山区条件不利于任何形式的运输。就此而言，中国人民解放军在该地区的行动更倾向于提高塔吉克斯坦的边境管控能力，避免在阿富汗接受训练之后回到新疆的分裂分子可能的逃亡。

所有上述负面影响可能会妨碍中国在该地区的经济主导型稳定进程，危及该地区中国企业人员的安全。中国国有企业和私营企业在阿富汗的未来角色，不仅受到高度不稳定的

＊ 当时军队已改制，实际为中央军委联合参谋部参谋长。——译者注

政治环境的影响，还受到阿富汗限制外国私营安保企业范围和活动的禁令和法律的变化的影响。在正式禁止先前由国际私营安保公司进行的国际私人武装活动之后，新颁布的条例迫使外国客户雇用当地私营安保公司。而考虑到阿富汗的具体情况，中国国有企业不得不依赖于多层次的保护保障，从当地部落民兵到阿富汗国民军。同时，中国外交人员的安全由中国人民解放军负责保障。尽管如此，新的法律框架仍然为中国的私营安保公司提供了一定的被雇用的空间，使它们在当地安保力量和中国企业之间架起一座桥梁。因为中国企业同时需要进行危机管理、安全规划，以及对即将被派往危险地区工作的人员进行基本培训。

九、非洲：从利比亚到苏丹

如今，绑架事件、海盗事件、反叛分子袭击、强盗活动和其他形式的威胁不断增加。在这样的背景下，非洲安保行业蓬勃发展。超80%的安保企业主要由美裔、欧裔或以色列裔退伍军人领导经营。随着市场的开放，

越来越多的中国国有企业认识到了安保的必要性，中
国安保承包商似乎也越来越希望向海外开展业务。[李
（Lee），2014年]

中国与非洲的爱情故事始于一段可追溯至上世纪70年代
的长期关系。但自新千年以来，有人说"蜜月期"已成为过
去式。[34]

"一带一路"倡议中关于推动中国在非洲投资的新举措，
是重新包装先前支持非洲国家的政策，同时吸收非洲自然资
源产出，并用最新的中国产品帮助当地基础设施现代化。中
国与埃塞俄比亚和吉布提等"一带一路"重点实施区域之间
的联系日益紧密，这将使各方从新的合作、基础设施建设和
商业投资中获益（《中国日报》，2016年a）。与此同时，中国
在非洲的经济足迹遗留了一些旧问题，使"一带一路"在非
洲的叙事备受困扰。

自上世纪70年代以来，在非洲大陆经营的中国企业已经
经历了几次对中国在非洲的投资和人员造成威胁的安全风险。
与当前的安全形势相比，过去和今天的主要差异并不在于威
胁的严重程度，而在于今天人们认为这些风险会影响到"一

带一路"的叙事，在于中国民众对中国保护海外公民安全能力的质疑声越来越大。

中国并没有完全脱离支持第三世界国家的叙事，同时，对非洲大陆在经济上的新接纳已开始增加中国在该地区的安全责任。但迄今为止，中国一直"不愿意"扮演这一角色。

国际私营安保公司留给了非洲大陆一段难以抹去的、关于虐待的痛苦记忆，"雇佣兵"一词充满了负面内涵。在15世纪的意大利半岛冲突中，像德国"雇佣枪兵"这样的雇佣兵部队是残暴和疾病的代名词。1970年代以来，外国雇佣兵在非洲所扮演的角色，只是巩固了人们对现代私营安保公司的这种态度。自1970年代以来，诸如法国雇佣兵部队"les affreux"（译作"可怕的人"）头目这样的冒险家们［基腾（Keaten），2007年］所犯下的臭名昭著的暴行，已经被与导致非洲大陆持续不稳定的所有私营军事公司联系在了一起。

目前，大多数非洲国家无法应付国内动荡和外部威胁。权力真空和软弱的政府仍然吸引着人们去雇用私人安保承包商，以保证国家或跨国公司的安全，并确保对非洲大陆丰富矿产资源的垄断。甚至是联合国也在使用私人安保，并认为它们是一种"必要的罪恶"。联合国现行反雇佣兵条例框架公开谴责了雇佣兵在非洲后殖民战争期间所犯的暴行和无视人权的行为。

然而，联合国在多个国家——从塞拉利昂到埃塞俄比亚——的维和行动都诉诸此种必要的恶：私营安保公司。在签订的合同中，联合国要求的工作内容包括密切保护联合国工作人员、武装护送人道主义车队以及扫雷等专门活动。在有关私营安保公司作用的争论中，再次出现两种极端观点。第一种看法认为私营安保公司的效率高于无力维持武力垄断的软弱的非洲政府。第二种观点认为私营安保公司纯粹是为了从战争中牟取暴利，因此，它就只是一家公司，而手下的雇佣兵因为不负责任更易犯下反人类罪。

最近，一种普遍看法是，使用私营安保公司与解决非洲冲突是不相容的。在某些情况下，使用私营安保公司反而使社会持续不安。私营安保公司通常被指责无法帮助国家在武力使用方面保持垄断。此外，最近的例子表明，私营安保公司为了自己的利益，使社会长期处于不安全状态。[参见：《桑德莱恩公司在塞拉利昂发动的失败政变》（"The failed coup in Sierra Leone promoted by Sandline"），辛格，2007 年]

近期，历史上的独裁者卡扎菲倒台后，利比亚以及该地区出现权力真空的例子，展现了来自撒哈拉以南地区国家或前苏联加盟共和国的雇佣兵被雇用的情况。

在卡扎菲政权鼎盛时期，大部分飞机驾驶员、直升机驾驶员以及维护尖端武器平台的机械和技术专家都来自乌克兰。2011 年 2 月，"阿拉伯之春"期间爆发的革命浪潮，引发了利比亚班加西市市民的街头抗议，此时卡扎菲雇用了几支来自乍得和尼日利亚的雇佣兵部队，以及一些未经训练和毫无纪律的撒哈拉以南地区的工人来平息示威。非洲黑人工人被国家赋予了使用武力的权力，这点不仅可以根据他们的肤色判断，也可以根据他们在袭击人群时头上所戴的黄色安全帽判断。与这些外国非洲雇佣兵一道，还有几名俄罗斯和塞尔维亚狙击手在卡扎菲位于利比亚首都黎波里的据点进行最后防御期间，也提供了火力支援。

同其他非洲和中东国家的情况一样，雇佣兵的忠诚支持被认为是应对国内袭击的必要条件。雇佣兵与部落不存在附属关系，他们的种族特征和语言差异，尤其是得到的薪水保证了他们的暂时忠诚。在卡扎菲的案例中，雇佣兵的首选来自图阿雷格部落（Tuareg）。图阿雷格游牧民族的传统使他们成为利比亚权力游戏的局外人，并且他们的文化与卡扎菲所属的贝都因（Bedouin）部落相似。

当班加西起义演变为全面叛乱，忠于卡扎菲政权的部队越来越少。卡扎菲竭力保留权力，为此他征募了大批雇佣兵。而当内战开始向着有利于叛军的方向发展时，雇佣兵们纷纷试图逃离该国。数百人被监禁并被草率处决。武装狂热分子与军事承包商之间的主要区别之一就是，一旦不利于政府的局势恶化，狂热分子就改变立场，不再忠诚。对后者来说，一旦没有获胜的势头，无论出价多少，他们都不会继续战斗。雇佣兵在雇主走投无路时逃跑，或者在冲突中改变立场，这些早已不是新闻。中国宋朝的历史学家曾指出军阀的部队如何作为败兵被吸收进入宋军。在马基雅维利的《君主论》中，作者就对使用雇佣兵提出了警告。而利比亚的情况以及过去30年间非洲大陆的历史都证明了这一点。

另一个预警来自利比亚的沿海城市班加西。它是又一个凸显私营安保公司负面影响的当代历史案例。2012年9月11日，全副武装的武装分子袭击了美国在班加西的外交哨站，击溃了国际和当地的私营安保公司。为保护美国外交官而部署的当地民兵在与袭击者交火前已经逃离，而早前做出承诺的利比亚临时政府，只是在袭击结束后提供了军事支持。英国不知名私营安保公司蓝山集团（Blue Mountain Group）（路透社，2017年）和当地人员未能保护被围困在美国驻班加西领事馆中的美国大使克里斯托弗·史蒂文斯（Christopher Stephens）。除大使遇害外，遇难人员还有数名外交人员、两名合同工，其中这两名合同工为美国海军"海豹突击队"（Navy Seal）前队员。这使得美国众议院监督委员会（House Oversight Committee）就国务院安保合同程序展开多次调查。美国国务院并未选择知名度更高、业务能力可靠的私营安保公司，而是选择了一家小型私人公司负责安保事务，这与利比亚临时政府最近通过的针对该地区国际私营安保公司的禁令有关。"联邦合同数据显示，那份价值高达783 284美元的班加西安保合同被列为'杂项'合同，而并未被列入涵盖保护海外领事馆的美国国务院大型主合同中。"（出处同上）

雇用国际私营安保公司来支持中国投资的叙述，并不像卡扎菲案例中那样侧重于政权稳定或变革，但当东道国无法提供某种服务时，中国仍依赖私营安保公司的关键技能。美国驻班加西大使遇袭身亡，"一带一路"沿线中国外交人员和国企人员也可能面临同样的威胁。从某种意义上说，人们急需私营安保公司服务，包括基本空中后勤支援和使用侦察无人机、雇用具有战争创伤治疗能力且专攻常见地方感染和疾病的战地医生和护士，以及在危险地区提供必要信息通信技术能力的"战争极客"（war geeks）。遗憾的是，在中国，人们还普遍认为私营安保公司需要的东西与装甲车和炫耀重机枪的雇员有关。

自 2015 年以来，在非洲大陆，风险被放大了，这些风险包括范围广泛的政治暴力和暴力犯罪：叛乱分子袭击、海盗活动、刑事勒索和绑架。与其他"一带一路"建设地区所得到的经验相比，来自非洲大陆的经验的一个主要区别在于，不单单是国有企业，经营小生意的私人中小企业也很早就开始考虑雇用私人安保企业。从欧洲、美国和以色列的高端私营安保公司，到中国小企业主雇用的低端服务（由当地部落武装分子提供），非洲的武装市场内的各种武装力量形成了有趣的组合。尽管中国国有企业越来越意识到其员工将面临的威胁，但它们愿意支付的薪酬无法换来高端和非常昂贵的安全保护。新成立的中国安保公司正试图通过提供廉价却专业的服务来填补这一空白。因此，有必要强调的是，中国顶级私营安保公司的定价范围与国际同行并无本质区别，但以低效低价服务来与之竞争的中国中低端私人安保企业还并不理解这一点。

几家中国私营安保企业已将非洲作为海外扩张的试验场。索马里海域的反海盗业务是它们在海外为中国商船和油轮提供护航保护的首批案例之一。但由于在海盗猖獗的地区，为商业船只护航的国际军事任务的开展，这种商业模式正在减少。然而，在未来几年，对中国在非洲大陆的基础设施建设工地的保护将会维持对安保服务的需求。中国路桥总公司在肯尼亚开展的道路建设项目就是一个例子，该项目对德威安保集团有限公司的需要只增不减（李，2014 年）。

尽管在非洲，武装市场十分拥挤，政府支持的当地安保服务商充斥其间，但国有企业之所以优先选择中国安保服务商，更多是出于对同胞的信任。人们之所以对非洲私营安保公司抱有怀疑态度，是因为他们认为，这些工资过低、装备不足的公司自己本身就是一个隐患，并不能解决问题。因此，人们理所当然会选择一个价格昂贵的国际公司和一个更便宜的中国私营安保公司。国有企业管理层还普遍认为，与国际同行相比，中国的私营安保企业能够更好地保护企业的商业机密，并且文化或语言上不存在障碍。另一个选择中国私营安保公司而非非洲公司的原因是，中国安保运营商没有卷入部族纷争或当地政治纠纷。

根据中国的法律，即使是在非洲大陆，中国私营安保公司运营人员也被禁止携带武器，而在政治暴力或暴力犯罪事件爆发时，他们有义务联系最近的中国大使馆或领事馆，以便与当地安全部队进行协调。由于缺乏携带枪支的中方人员，中国私营安保公司加强和升级了诸如安全情报收集等的安保措施，同时也更加重视用于监督当地武装人员和国际承包商的中国专家的培养。那些总部设在北京的处于领先地位的中国私营安保公司，已经开始支持聘用中国语言学家，或这样一些中国管理人员，他们在工业领域——从危险化工产品工厂到高风险仓储管理——积累了成熟的危机管理经验。

十、机遇与挑战：私营安保公司的监察与治理

基于美国、俄罗斯和有限的中国经验中，对雇用私营安保公司时面临的机遇和挑战进行分析，提供了一些耐人寻味的见解，以澄清武装市场上被普遍接受的某些观点。

在"一带一路"的叙事中，人们往往会高估经济机遇，

而忽视暴力犯罪和政治暴力给海外中国人带来的挑战。遗憾的是，还有一个问题，将对"一带一路"沿线雇用私营安保企业产生影响的失误，即缺乏适当的政府监管。

中国政府认识到，对外投资安全不仅是国内问题，也是跨国问题。除了加大对双边协议而非多边协议的关注，中国还依靠自己的多边基础架构——从上合组织到亚投行——让更广泛的参与者被纳入程序确立和执行力建设中来。就此而言，中国复兴的丝绸之路应该被看作是一个变动着的贸易联系网络。这一贸易网络的变动性由官方的正式地图的缺失，以及国家和重点地区数量的不断更新体现出来。除此之外，"一带一路"本身是倡议而非战略，目的是为了一直保有调整计划的机会。按照这种叙事，人们认为中国使用中国私营安保企业而非中国人民解放军或武装警察来支撑"一带一路"安全网络建设，是为了维护其"和平崛起"的形象。私营企业能提供不同程度的可供否认的空间，因为他们是缔约政府和最终雇主间的一道间隙。就中国私营安保公司只雇用中国人员的具体案例而言，人们仍然猜测他们与解放军有联系。然而无论如何，"一带一路"正在推动中国安保市场转型。与国际私营安保公司合作取得的经验，将从技术转让和人力资源能力建设方面让中国私营安保公司获益。与此同时，中国私营安保企业的业务活动快速增长，但很大一部分仍未受到监管和有效控制。

私营安保企业的作用不应被忽视，但与此同时，考虑到适当监测和控制的费用较高，必须打破经济效率的神话。2007 年 11 月，美国独立机构陆军采办委员会和远征作战项目管理委员报告会[35]发布了关于私营安保企业缔约机遇和挑战的指导方针。随后，美国陆军伊拉克重建特别监察长（Special Inspector General for Iraqi Reconstruction，SIGIR）的报告[36]展示了一项综合研究——从政府的角度考虑了管理武装市场的成本。监察长的该项报告结果突显出美国军方缺乏监督和控制承包商的能力。从某种意义上来说，缔约官员代表同时负责招标和管理过程，这是主要的谬误。缔约官在该领域的经验有限，这增加了私营安保公司逃避管控的可能。尽管美国国防部在管理数百家私营安保公司成千上万名雇员方面积累了数年的经验，但仍在为提高内部管理能力和寻找符合条件的政府人员而努力，而中国和其国有企业尚未开始建立合格的缔约官员人才库。

有句老话说，"金钱就是力量"，这可能是一块有用的试金石，可以帮助你找到这个问题的第一个答案。美国国防部掌控着伊拉克安全部队基金（201.9 亿美元）和"指挥官应急计划"（Commander's Emergency Response Program，41.2 亿美元）的全部缔约权，以及伊拉克救济和重建基金（Iraq Relief and Reconstruction Fund，208.6 亿美元）的大部分缔约权。因此，为支持伊拉克重建，美国向 5 个主要重建项目（绝大多数项目在 2008 年着眼于优先安保事项）拨款约 520 亿美元，而国防部对占总拨款额 87% 的 450 亿美元具有决定性的支配作用。在伊拉克，如果金钱就是力量，而力量决定了谁是掌权者，那么伊拉克的掌权者就是美国国防部。[37]

对于伊拉克的私营安保行业，伊拉克重建特别监察长于 2008 年发布的季度报告中就对私营安保公司在保护美国政府、设施和工人方面的效率进行了调查。报告确定了 77 家私营安保公司，同时，美国国会预算办公室预估现有 2.5 万至 3 万名安保雇员。但不久，另一份来自美国政府问责局的报告，称无法得出关于武装雇员数量的可靠数据。

自 2007 年 9 月以来，"巴格达血腥周日"（Baghdad Bloody Sunday）事件发生，涉及了国家的安全防御，伊拉克设法加强对私营安保公司的监督，并制定了以下指导方针[38]：

·武装承包商监察部负责监察私营安保公司，并作为私营安保公司保单的主要联络方

·强化军事部门在监督私营安保公司任务、管理事件、进行调查和执行合同管理方面对私人安保企业的责任

·为监察私营安保公司，对联络官进行培训

前两项建议并不完全适用于"一带一路"倡议的背景环境——中国私营安保公司不受中国人民解放军左右，也不受东道国的军事监督。最后一个建议是中国政府需要认真考虑的优先事项，并且需要着手建立一个适当的控制和协调体系。

普遍接受的国家垄断暴力模式正在倒退回威斯特伐利亚体系形成前的局面，而中国不断增长的安保需求有望促进监督问责。

如前所述，利用私营安保公司应对"一带一路"的具体需求所带来的益处可概括如下：

·部署快速，能快速适应"一带一路"的不稳定性和多变的环境

· 在东道国没有明确要求的情况下，避免中国人民解放军和人民武装警察部队的派遣

· 为中国外交部在国外的超负荷运转提供支持，缓解人力资源限制

· 协助解决国有企业内部安保能力不足的问题

正如在美国发生的那样，中国政府需要评估，安保市场的迅速扩张是如何导致所雇用人员的素质和所提供的服务质量两方面的标准下降的。

注　释

1　中国商务部发言人沈丹阳表示，有关中国在利比亚蒙受损失的报道并不准确。他称中国在利比亚只有承包工程，没有直接投资。参见《利比亚没有中国的直接投资》（"No direct Chinese investments in Libya"），《中国日报》，2011 年 8 月 25 日，http:// www.chinadaily.com.cn/business/2011-08/25/content_ 13193258.htm

2　国资委令（2006）第 16 号，国资发规划（2008）225 号，参见《中央企业境外国有产权管理暂行办法（2011 年）》（国资委令第 16 号）。

3　作者在上海对国际私营安保公司进行的采访，2015 年 11 月。

4　苏丹石油部长穆罕默德·扎耶德·阿瓦德（Mohamed Zayed Awad）称中国公司控制着苏丹石油业 75% 的外国投资。

5　"南苏丹政府曾向中国政府申请 19 亿美元贷款，用于开发油田和基础设施项目。这笔资金的一部分将用于重新恢复联合州（Unity state）的主要油田。自 2013 年 12 月内战爆发以来，联合州的主要油田一直处于关闭状态。"参见《南苏丹向中国寻求近 20 亿美元贷款》（"South Sudan seeks nearly \$2 billion loan from China"），《南苏丹论坛报》（*Sudan Tribune*），2016 年 8 月 9 日，http:// www.sudantribune. com/spip.php?article59880

6　根据中国国家统计局（National Bureau of Statistics，NBS）2016 年 10 月 14 日发布的数据，9 月全国工业生产价格指数（Producer Price Index，PPI）同比上涨 0.1%，结束了连续 54 个月同比下降的态势。

7　2016 年 9 月，作者在北京对中国承包商协会进行采访。

8　中国石油天然气集团公司、中国石油化工股份有限公司和中国海洋石油总公司。

9　参见《外商直接投资出现反弹？》（"FDI on the Rebound?"），2016 年科尔尼（AT Kearney）外商直接投资信心指数（Foreign Direct Investment Confidence Index 2016），https://www.atkearney.com/documents/10192/8064626/2016+A.T.+K

earney+Foreign+Direct+Investment+Confidence+Index%E2%80%93FDI+on+the+
Rebound.pdf/e61ec054-3923-4f96-b46c-d4b4227e7606

10 参见中国国家主席习近平在第七十届联合国大会一般性辩论时的讲话全文,
https://gadebate.un.org/sites/default/files/gastatements/70/70_ ZH_en.pdf

11 参见《习近平出席 B20 峰会并发表主旨演讲》("President Xi delivers keynote
speech at B20 summit in Hangzhou"),中华人民共和国国务院,http://english.
gov.cn/news/top_news/2016/09/04/content_281475432981211.htm

12 中国商务部称,2016 年 8 月,中国对外直接投资达到 1180 亿美元,同比增长
61.8%,http://europe.chinadaily.com.cn/business/2016-08/17/con-tent_26510134.
htm 。另外还可参见《1—7 月对外直接投资增 61.8%》("Jan-July Outbound Direct
Investments surges 61.8%"),新华网,2016 年 8 月 17 日,http://english.gov.cn/archive/
statis-tics/2016/08/17/content_281475419422422.htm

13 习近平说,军队决不能固步自封,需要与时俱进。中国军队需要关注的是技
术而不是数量。参见《中国军队必须与时俱进》("Army must change with the
times"),2016 年 12 月 5 日,http://www.shanghaidaily. com/nation/Army-must-
change-with-the-times/shdaily.html

14 外交部发言人华春莹在就中国驻吉尔吉斯斯坦使馆遭恐怖袭击答记者问上,
称:"中方对发生在中国驻吉尔吉斯斯坦使馆的这起严重恐怖袭击事件予以强
烈谴责。恐怖主义是国际社会的公敌,是本地区国家面临的最严重威胁。中方
同样是恐怖主义受害者,将在双边和上海合作组织框架内加大同吉方等地区国
家的反恐合作,坚决打击一切形式的恐怖主义,切实维护中方驻有关国家机
构和人员安全,切实维护地区安全稳定。"http://www.fmprc.gov.cn/mfa_ eng/
xwfw_665399/s2510_665401/t1393115.shtml

15 最值得关注的是,中国可能在印度洋设立两用基地。作为一种具备低水平后
勤支援能力的商业设施,两用基地是建立海上存在的一个无风险方式。参见
阿比吉特 · 辛格(Abhijit Singh),《印度洋上的中国 "人民解放军海军" 基地

计划》（*A 'PLA-N' for Chinese maritime bases in the Indian Ocean*），战略与国际问题研究中心（Center for Strategic and International Studies，CSIS）新闻简报项目"PACNET"之七，2015 年 1 月 26 日，https://www.csis.org/analysis/pacnet-7-%E2%80%98pla-n%E2%80%99-chinese-maritime-bases-indian-ocean

16 它指的是 1839 年至 1949 年间在中国的西方帝国主义和日本帝国主义。参见费正清（John King Fairbank）:《剑桥中国晚清史（1800—1911 年）》（*The Cambridge History of China: Late Ch'ing, 1800–1911*），剑桥大学出版社，1978 年。

17 北京大学国际关系学院副院长王逸舟教授提出了"创造性介入"外交新理念，呼吁中国积极发挥更大作用，主动参与国际事务。参见《中国政务新方向》（*A new direction for China political affairs*），《北京周报》，2012 年 3 月 3 日，http://www.bjreview.com.cn/world/txt/2012-03/05/content_439626.htm。

18 参见欧盟欧洲对外关系委员会（European Council on Foreign Relations，ECFR），《吸收和征服：欧盟对俄罗斯和中国在欧亚大陆一体化的看法》（"Absorb and Conquer. An EU Approach to Russian and Chinese Integration in Eurasia"），2016 年 5 月。

19 俄罗斯国有企业军品进出口中介机构，http://www.roe.ru/roe/eng_status.html

20 中国国有企业中的国防行业制造商。

21 "然而，指挥官们没有意识到奎达的真正教训：几十年来，来自沙特阿拉伯的资金支持巴基斯坦的军事和情报部门，然而沙特阿拉伯的资金既支持巴基斯坦的世俗派系，也支持和极端保守团体，这种情况几乎在以不可逆转之势导致国家分裂。"参见詹姆斯·M. 多西（James M. Dorsey）:《巴基斯坦的政治暴力和宗派主义》（"Political Violence and Sectarianism in Pakistan"），《RSIS 评论》（*RSIS Commentary*）。

22 瓜达尔地区警官加法尔·卡恩（Jafer Khan）告诉路透社："不久，我们将开始雇用 700 到 800 名警察，成立一个独立安保小组，专门负责对中方的安保。在后期，将成立新的安保部门。"参见《巴基斯坦军方几乎不放过任何一个保护中国投资的机会》（"To protect Chinese investment, Pakistan military leaves little to chance"），路透社，2016 年 1 月 26 日，http://www.reuters.com/article/pakistan-china-security-gwadar-idUSKCN0VH06F

23　中国"新常态"下，中国经济已告别过去 30 余年的两位数高速增长，向中高速的稳定增长转变，每年 GDP 增速目标区间为 6% 至 7%。

24　巴基斯坦军方拥有一支由土木工程师、机械工程师和电气工程师组成的分遣队，在大型基础设施项目上拥有数十年的经验，分析人士指出军方准备好接手中巴经济走廊。参见《中国敦促巴基斯坦在丝绸之路项目中给予军队主导地位：伊斯兰堡内的争吵凸显中国运输走廊和能源走廊计划的困难》（"China urges Pakistan to give army lead role in Silk Road project. Squabbles in Islamabad highlight obstacles to Beijing's plans for transport and energy corridor"），《金融时报》，2016 年 6 月 21 日，https://www.ft.com/ content/5eea66c0-4ef9-11e6-8172-e39ecd3b86fc

25　过去的 10 年间，中俄关系被认为已进入了正常化阶段。这一正常化关系除了反对美国单极主义的共同立场之外，还以非意识形态化的务实合作为基础。出处同上。

26　上海合作组织为未来 10 年制定蓝图，http://www.scosummit2012.org/english/2012-06/08/c_131640161.htm

27　就像克里姆林宫内那些不精确的艺术——预示着苏联精英的命运——哈萨克斯坦也玩起了自己的室内游戏，记录不同政治人物的起起落落。参见菲利浦·席斯金（Philip Shishkin），《中亚报告》（Central Asia Report），亚洲协会 2012 年版，第 8 页。

28　地区反恐机构，http://www.ecrats.com/en/ normative_documents/2005

29　上合组织成员国包括中国、哈萨克斯坦、吉尔吉斯斯坦、俄罗斯、塔吉克斯坦和乌兹别克斯坦。阿富汗、印度、伊朗、蒙古国、巴基斯坦在该组织中享有观察员国地位。白罗斯、土耳其与斯里兰卡为对话伙伴。

30　自苏阿战争结束以来，根据独联体的授权，将俄罗斯第 201 "哈特琴斯克"摩步师部署在塔吉克斯坦首都杜尚别近郊的 3 个军事基地，并将有效兵力减少至低于一个普通师的人数（应征士兵和承包商雇员加起来约 7000 人）。1989 年，离开阿富汗的最后一辆装甲运兵车便是第 201 师的。

31　由中国冶金科工集团有限公司与江西铜业集团有限公司合资成立，投资额约为30 亿美元。

32　2015 年 6 月 26 日，中国商务部副部长高燕出席在北京举行的中国—阿富汗经贸联委会第二次会议，http://english.mofcom.gov.cn/article/newsrelease/ significantnews/201506/20150601027796.shtml

33　根据报告来源的不同，数字从 2.6 万到 4 万多不等。

34　作者于新加坡对埃塞俄比亚安保专家进行的采访，2015 年 12 月。

35　甘斯勒的报告也被称为《远征行动中陆军采办和项目管理委员会的报告》（"Report of the Commission on Army Acquisition and Program Management in Expeditionary Operations"），2007 年 11 月，http://psm.du.edu/media/documents/us_research_and_oversight/special_commissions/us_special_report_gansler.pdf

36　《向伊拉克学习：伊拉克重建特别监察长的最终报告》（*Learning From Iraq: A Final Report From the Special Inspector General for Iraq Reconstruction*）一书为伊拉克重建特别监察长长达九年的监督重建工作画上了句号。这是继之前我们（美军）对重建工作的全面回顾——《艰难的教训：伊拉克重建经验》（"Hard Lessons: the Iraq Reconstruction Experience"）——后的又一作品。2013 年 3 月，伊拉克重建特别监察局网站关闭，数据可于 https://cybercemetery.unt.edu/archive/sigir/20131001083907/http://www.sigir.mil/learningfromiraq/index.html 查找。

37　同上。

38　同上。

参考文献

Arduino, A. 2015a. China–Central Asia: A New Economic, Security, and Logistic Network. In *China Power Asian Security*, ed. L.M. Routledge. Abingdon: Routledge.

———. 2015b. Chinese Private Security: A New Paradigm for Private Military and Counter-Terrorism? *Counter Terrorist Magazine*, 11.

———. 2015c. Security Privatization with Chinese Characteristics: The Role of Chinese Private Security Corporations in Protecting Chinese Outbound Investments and Citizens. *RSIS*, June. https://www.rsis.edu.sg/rsis-publication/idss/security-privatisation/#.Vi8fs64rK8U

———. 2017. China's Energy Interests in Central Asia and Russia: Symbiotic Distrust and Striking a Balance between Cooperation and Confrontation. In *China's Global Quest for Resources*, ed. F. Wu. Abingdon: Routledge.

Blank, S. 2006. *Russo-Chinese Energy Relations: Politics in Command*. London: GMB Publishing.

Bloomberg. 2013. China Eclipses US as the Biggest Trading Nation. *Bloomberg*, February 11. http://www.bloomberg.com/news/articles/2013-02-09/chinapasses-u-s-to-become-the-world-s-biggest-trading-nation. Accessed 2016.

———. 2016. China's Digger Market Poised for Recovery Says Top Supplier. *Bloomberg*, July 20. Accessed 2017.

Cainey, A. 2016. Expectations Are High, Now the AIIB Has to Deliver. *Nikkei*, January 26. http://asia.nikkei.com/magazine/20160128-SHATTEREDHOPES/Politics-Economy/Andrew-Cainey-Expectations-are-high-now-the-AIIB-has-to-deliver

China Daily. 2016a. Africans See China Ties as a Benefit. *China Daily*, November 5–6.

———. 2016b. Key Part of Pakistan Economic Corridor Opens Up. *China Daily*, November 15.

———. 2016c. Sino-Thai Relations Boosted by $10.6b Rail Deal. *China Daily*, December 20. http://www.chinadaily.com.cn/world/2014livisitkst/2014-12/20/content_19130730.htm

China Military.com. 2017. Chinese Peacekeeping Infantry Battalion in S. Sudan Passes Equipment Inspection. *China Military*, February 2. http://eng.chinamil.com.cn/view/2017-02/03/content_7474939.htm. Accessed 2017.

Eder, T. 2014. *China-Russia Relations in Central Asia: Energy Policy, Beijing's New Assertiveness and 21st Century Geopolitics*. Wiesbaden: Springer Fachmedien.

Erickson, A.S. 2016. China's Blueprint for Sea Power. *Jamestown Foundation China Brief Volume*: 16 Issue (July 11). https://jamestown.org/program/chinas-blueprint-for-sea-power/

Eva Dou, R.C. 2014. Behind Vietnam's Anti-China Riots, a Tinderbox of Wider Grievances Investigation Reveals Deeper Troubles Brewing in a Country Where Officials Usually Quash Protests. *Wall Street Journal*, June 17. http://www.wsj.com/articles/behind-vietnams-anti-china-riots-a-tinderbox-of-wider-grievances-1403058492. Accessed 2015.

Hastings, M. 2010. The Runaway General. *The Rolling Stone*, June 22. http://www.rollingstone.com/politics/news/the-runaway-general-20100622.Accessed 2016.

Hobson, P. 2016. Russia, Pakistan, China Warn of Increased Islamic State Threat in Afghanistan. *Reuters*, December 27. http://in.reuters.com/article/afghanistan-taliban-russia-pakistan-chin-idINKBN14G19H?feedType=RSS&feedName=southAsiaNews. Accessed 2017.

ICG. 2015. Kazakhstan's Protests Postponed—But for How Long? *Crisisgroup. org*, May 12. http://blog.crisisgroup.org/europe-central-asia/kazakhstan/2016/05/12/kazakhstans-protests-postponed-but-for-how-long/. Accessed 2017.

Kabraji, R. 2012. The China-Pakistan Alliance: Rhetoric and Limitations. *Chatham House*, December. https://www.chathamhouse.org/sites/files/chathamhouse/public/Research/Asia/1212pp_kabraji.pdf. Accessed 2015.

Keaten, J. 2007. Denard, Infamous Mercenary and Self-Styled 'Pirate', Dies at 78. *The Independent Associated Press*, October 15. http://www.independent. co.uk/news/world/europe/denard-infamous-mercenary-and-self-styledpire-dies-at-78-396897.html. Accessed 2016.

Lee, K. 2014. Chinese Private Security Firms Go Overseas: Crossing the River by Feeling the Stones. *African Monitor*, September 8.

Lim, S. 2013. *China and Japan in the Russian Imagination, 1685–1922: To the Ends of the Orient*. London: Routledge.

Mathieu Duchatel, O.B. 2014. Mathieu Duchatel, Oliver Brauner and Zhou Hang Protecting China's Overseas Interests. The Slow Shift away from Non-interference. *SIPRI Policy Paper* 41 Cap.2, June.

Page, J. 2016. China Builds First Overseas Military Outpost. *Wall Street Journal*, August 19. Accessed 2016.

Pantucci, R. 2017. China Expanding Security Role in Afghanistan. *Reuters*, March 1. http://www.reuters.com/article/china-afghanistan-securityroleidUSKBN1683QY. Accessed 2017.

Portyakov, V. 2006. The Russian Vector in Global Chinese Migration. *Far Eastern Affairs* 34

(1): 47–61.

Price, G. 2011. China Pakistan Relations. *ECRAN Background Brief*, February 15. http://eeas.europa.eu/archives/docs/china/docs/division_ecran/ecran_is1_china_pakistan_relations_gareth_price_en.pdf. Accessed 2015.

Reuters. 2010. Afghanistan Orders Ban on Private Security Firms. *Reuters*, August 17. http://www.reuters.com/article/us-afghanistan-security-idUSTRE67G1ZP20100817. Accessed 2015.

———. 2017. For Benghazi Diplomatic Security, U.S. Relied on Small British Firm. *Reuters*. http://www.reuters.com/article/us-libya-usa-bluemountainidUSBRE89G1TI20121018

Rikelton, C. 2014. Kyrgyzstan: Chinese Workers Deported After Riot at Strategic Refinery. *Eurasianet*, July 3. http://www.eurasianet.org/node/68856.Accessed 2017.

Singapore Today. 2015. Singapore Today 'Preventing the Next Tianjin Incident in China. *Today Online*, November. http://m.todayonline.com/chinaindia/china/preventing-next-tianjin-incident-china

Singer, P. 2007. *Corporate Warriors: The Rise of the Privatized Military Industry*. Cornell Studies in Security Affairs.

The Economist. 2017. Sri Lankans Protest Against Chinese Investment. *The Economist*, January. http://www.economist.com/news/asia/21714374-itsone-way-pay-debts-china-sri-lankans-protest-against-chinese-investment. Accessed 2017.

The Guardian. 2016. Dozens of Workers Dead in China Power Plant Collapse. *The Guardian*, November 24. http://www.theguardian.com/world/2016/nov/24/workers-dead-china-power-plant-collapse

Wang, Y. 2016. Top Belt, Road Collaborators Ranked. *China Daily*, October 29–30.

Weits, R. 2015. Beijing Waivers on Afghanistan Security Commitment. *CACI Analyst*, September 2. http://www.cacianalyst.org/publications/analyticalarticles.html. Accessed 2016.

Xin Hua. 2014. Chinese President Proposes Asia-Pacific Dream. *Xinhua Net*, November 9. http://news.xinhuanet.com/english/china/2014-11/09/c_133775812_2.htm. Accessed 2015.

———. 2015. Xi Jinping—Strengthening Security Cooperation is in the Common Interests of China and Afghanistan. *Xinhua Net*, July 10. http://news.xinhuanet.com/english/2015-07/10/c_134401664.htm. Accessed 2016.

———. 2016. Chinese Dream Rejuvenating Country. *China Daily*, November 30.http://www.chinadaily.com.cn/cndy/2016-11/30/content_27521547.htm

Xinhua. 2013. Kashgar Killings. *Xinhua Net*, April 29. http://news.xinhuanet.com/english/china/2013-04/29/c_132349219.htm. Accessed 2015.

———. 2016. UN Chief Slams Killing of Two UN Chinese Peacekeepers in South Sudan Fighting. *China Daily*, July 12. http://www.chinadaily.com.cn/world/2016-07/12/content_26052773.htm

Yang, Z. 2016. Zhang Yang SCO Members Will Join Forces to Combat Terrorism. *Shanghai Daily*, December 5.

Zhou, B. 2015. *Safeguarding China's Overseas Interests Through Military Cooperation.*

第四章

全球化和安保市场

摘要 中国的经济影响力正在塑造着国际机制，尚未在安保市场上有所显露。尽管如此，中国保险业已开始意识到这一商业细分领域的重要性。传统的固定警卫、反恐以及反绑架勒索将在"一带一路"沿线创造出重要的合作机会。正如美国从战争中学到的那样，中国也正从中吸取重要的教训：雇用私营安保公司的做法短期之内能提供灵活性、创造经济效益，但如果控制不当，则会产生长期的负面影响。中国私营安保行业正瞄准的新生意，与大城市安保以及跨国追捕那些企图携带大量赃款逃离中国的腐败官员有关。

关键词 特殊保险·绑架和勒索·国有企业风险·"一带一路"安保

一、安保市场：中国 vs. 美国

> 欲战必先算其费。(《孙子注·作战篇》)

安保市场的演化，见证着新玩家的入局和不同的发展阶段：从美国军队作为主要客户，到中国"一带一路"倡议和俄罗斯雇佣兵。

中国在塑造国际机制方面的经济影响力，尚未在安保市场上有所显露。尽管如此，中国保险业已开始意识到这一商业细分领域的重要性。传统的固定警卫、反恐以及反绑架勒索将在"一带一路"沿线创造出重要的合作机会。根据希斯考克斯集团（Hiscox Group）的保守估计，每年超过5亿美元的绑架赎金进了犯罪团伙的口袋，这主要发生在南美洲。

近期，中国的保险专家开始认识到预防危险在这一领域的作用。尽管安保市场复兴，但在美国和中国，私营安保公司的角色都急需一个明确的定义。缺乏监管和平衡，使得利用私营安保公司在灰色地带的运作变得轻而易举。但是，安保市场的效益，也因无效的监督和管控而受到限制。从冷战结束到伊拉克和阿富汗冲突爆发之前，武装力量市场只听从一个客户——美国——的要求。

鉴于它在这两场冲突中的做法：

> 美国已经打开了潘多拉的盒子，将雇佣兵制度再次释放到国际事务中。这个行业现在复苏了，并且短期内不太可能消失。（麦克福特，2014 年）

冷战后的安保服务真空已经影响了中国在国际事务中的行事方式。随着中国作为领先经济体逐渐崛起为世界大国之一，"一带一路"倡议应运而生，正成为范围广泛的安全服务的主要客户。

中国向"一带一路"提供的用于海外的投资额高达 511 亿美元[1]。这笔钱正在影响安保市场向与美国先前所建立的模式不同的方向发展。在这方面，与美国相比，中国不参与大规模冲突，目前也没有必要在不安定地区将后勤和基础设施服务外包。[2]

因此，中国政府的首要需求是，确保那些希望在不安定地区拓展业务的国有企业能够享有足够安全的环境。显而易见的是，中国日益增长的经济实力正积极地影响政治结果，特别是对邻国的影响，但中国国有企业作为中国和国际私营安保公司的主要签约方的角色，目前似乎尚未与隐藏的政治议题联系起来。[3]

无论如何，展现中国政府在塑造国际机制方面经济影响力的例子屡见不鲜，从支持东盟成员国或是中亚国家，到避免多边冲突（新华社，2016 年）。因此，在不久的将来，也存在一定的可能性——中国的私营安保公司可以利用它们的能力，迫使实力较弱的他方角色顺从中国政府的意愿。

全球性金融危机（2007—2008 年），以及美国和欧盟国家在阿富汗和中东武装力量的重新平衡（2014 年），已使西方国家对雇用私营安保的需求随之降低。不过，随着该行业在两次海湾战争之后呈现指数级增长，[4]武装市场暂时性的收缩也因新威胁和新商机而得到弥补。例如在叙利亚和也门等地新爆发的新冲突，产生了对雇佣兵的重新需求，这引发了与该地区国际联盟存在关联的新生私营安保公司数量的激增。

俄罗斯在通过其军事顾问和对该地区进行空袭以公开支持阿萨德政权之前，曾着手在叙利亚雇用俄罗斯私营安保公司。此外，阿拉伯联合酋长国曾雇用一个营规模的来自南美——主要来自哥伦比亚——的合同人员，这些兵力被投入也门正在发生的冲突中。这个来自南美洲的武装小队——受黑水公司创始人埃里克·普林斯监督［马泽提（Mazzetti）和哈格尔（Hager），2011年］并由阿联酋公司"应激反应公司"（Reflex Responses）5 管理——所扮演的角色，本该与该地区其他私营安保公司一致，采取消极的姿态：保护油田，或者在紧急情况下平息当地骚乱。但与预想相反，并且与埃里克·普林斯没有明显关联，在也门冲突中对武力的强烈需求导致阿联酋军队决定将这些雇佣人员作为快速反应部队使用（哈格尔和马泽提，2015年）。

此外，在第二次伊拉克战争和恐怖主义威胁加剧之后，一种新型的私营安保公司以及经营私营安保服务的跨国公司如雨后春笋般出现。反恐努力以及西方国家对平民可能遭受袭击的担忧，促使一些私营安保企业为适应新市场，对他们的商业模式做出了调整。尽管如此，西方国家不断萎缩的经济已经无力支撑，无法维持私营安保公司在此前冲突期间不断成长所需的预算。而与此同时，中东和中国的安保市场预算的增长与美国此前的预算不可同日而语。因此，跨国私营安保公司为了进入新市场，尤其是进入中国市场的竞争是十分激烈的。与中国私营安保公司成为合作伙伴以便更自由地在中国监管不完善的灰色地带开展业务，且不被视为完全的外资企业，尤其有益。这场竞赛，与20世纪80年代初第一批跨国公司浪潮具有某些共性，为了在不断开放的中国市场上站稳脚跟，他们迫不及待地接受与本地企业达成任何形式的合作。此外，在中国国内雇用私营安保公司的方式，不仅会受到国有企业的影响，也受到中国外交部的影响。中国外交部在负责外派工人和游客的安全上，正面临越来越大的压力。这将促使中国政府积极地对规范私营安保公司的部署与合作施加影响。

与美国模式的另一个分歧点在于，两个"军工复合体"之间的巨大差异。在美国，军工业对美国陆军施加着强大的影响，这反映在那些为美国国防部和国务院做事的私营安保公司身上。此外，美国陆军广泛使用各种高科技武器。因此，新的武器系统平台使得部队服务外包变得顺理成章，而在大多数情况下，承包这项服务的是生产这个系统的制造商。在这方面，军工业和私营安保公司的董事会由各种各样的前任军方和政府官员组成，在职业经理人和华盛顿的政府官员之间，存在着所谓的"旋转门"。前黑水董事会就是一个例子，2004 年至 2008 年间，负责反恐的前中央情报局协调员科弗·布莱克（Cofer Black）担任集团副主席。在最近的冲突中该公司成为获益最大的一方，恐怕是依靠公司结构中有更高级别的美国前政府官员。例如，哈里伯顿集团（Halliburton Group）1995 年至 2000 年间的前首席执行长迪克·切尼（Dick Cheney），曾在乔治·布什（George W. Bush）的任期担任美国副总统。

尽管世界十大武器制造公司中，有四家位于欧洲，但美国军工业的销售总额几乎超过欧盟所有国家销售额的总和。根据斯德哥尔摩国际和平研究所（Stockholm International Peace Research Institute，SIPRI）2016 年发布的最新数据，2015 年世界军事支出总额近 1.7 万亿美元，按实际价值计算，与 2014 年相比增长了 1%。这一增幅反映了亚洲、大洋洲、中欧和东欧地区军事支出的全面增长。[6] 尽管美国 2015 年削减了国防支出，但是在支出方面仍以 5960 亿美元处于领先地位，紧随其后的是中国 2150 亿美元的支出。主要的不同之处在于，美国军事支出的绝对值下降了 2.4%，而中国的花费在 2014 年至 2015 年间飙升了 7.4%。根据该和平研究所的分析，美国在武器制造和出口方面冠绝世界，一直位居榜首。

在这方面，美国军工业的优势在于，它是北约国家的主要武器供应商。作为国防需求的重要组成部分，非北约盟国也依赖美国武器制造。不过，中国的军工企业也并不想坐冷板凳。习近平主席对中国军队现代化建设的呼吁发出之后，从保利集团（Poly Group）到中国北方工业公司等的一些中国防务集团都开始提升他们的生产和销售能力。自上世纪 70 年代末，邓小平推动的改革开放政策实施开始，中国的国防行业积极使用进口的军民两用技术并推动军民工业部门一体化，以减少技术上的差距［拉格（Lague）和朱（Zhu），2012 年］。

长期目标是改造一些先进的承包商，比如中国船舶工业集团有限公司（China State Shipbuilding Corporation，CSSC）、中国航空工业集团有限公司（Aviation Industry Corporation of China，AVIC）以及中国航天科工集团有限公司（China Aerospace Science & Industry Corporation），培植美国巨头洛克希德·马丁公司（Lockheed Martin）、诺斯罗普·格鲁曼公司（Northrop Grumman）或者英国宇航系统公司（BAE System）的中国本土版本。

在这方面，仅靠中国的军事开支并不能帮助军工产业整体实现现代化，主要受制于中国使用的高端科技武器平台仍以国外技术和专业知识为基础。此外，俄罗斯 [巴拉班诺夫（Barabanov）等，2012年] 仍然是高端武器技术转让的首选合作伙伴，特别是在飞机发动机以及高端地对空导弹防御领域。[7] 然而，中国何时能够达到对手俄罗斯的先进水平，已不是"如果"的问题，而是"何时"的问题。中国军工业的国有部分和不断增长的私营部分展现的新方向，正开始见证从低端军火和武器批量生产，向发展第五代战斗机和区域拒止弹道导弹的范式转变 [法垒（Farley），2015年]。其中最活跃的军工行业之一，莫过于军事造船行业，其受益于中国民用造船能力的增长，以及通过中外合资从国外合作伙伴那里获得的技术进步。

20年来，军费开支持续增长，中国的军工业正见证私营企业与国有企业的共同成长。中国私营安保部门的参与是否是一个有利的参数，仍有待证明。目前，与美国相比，中国军工业私营部门与私营安保公司之间，至多可以说存在微弱的联系。就此而言，中国私营安保公司在这方面的能力有限，加之在境外携带武器出境受到限制，因此其商业体量不足以满足军工业部门的利益。

> 适应国家战略利益发展的新要求，积极参与地区和国际安全合作，有效维护海外利益安全；适应国家全面深化改革的新要求，坚持走军民融合式发展道路，积极支援国家经济社会建设，坚决维护社会大局稳定，使军队始终成为党巩固执政地位的中坚力量和建设中国特色社会主义的可靠力量。（中华人民共和国国务院新闻办公室，2015 年）

正如中国人民解放军 2013 年和 2015 年的白皮书所述，军队向海外投送力量的能力仍急需现代化。与此同时，中国在非战斗人员撤离方面的能力已经达到了高标准。在中国人民解放军和人民武装警察部队准备加强能力以保护中国的海外直接投资的同时，中国的私营安保公司处在挑战的最前沿。虽然中国对私营安保公司的依赖正在增加，但它与美国的模式之间还有很长的路要走。美国模式下，私人承包商负责执行核心安全利益。在这方面，中国由精选出的人民解放军专家来保护中国外交部官员。按照社会主义传统做法，被分配到中国驻外大使馆或领事馆的所有人员，包括司机，必须是中国人。同样的传统仍在俄罗斯外交部门的对外岗位上延续。与之恰恰相反，在伊拉克和阿富汗的冲突中，包括大使保罗·布雷默（Paul Bremer）在内的美国外交部门高官、盟军驻伊拉克临时管理委员会主任［格拉吉尔（Gallagher）和瓦齐奥（Del Vecchio），2014 年］、阿富汗前总统哈米德·卡尔扎伊在内的高级官员，都曾雇用承包合同人员提供贴身安全保护。

然而，利润最大化是连接中美安保市场私营化的一线希望。

两国的私营安保公司都提供安保服务，以提高利润和市场份额。过去几十年，美国和其他西方公司几乎依赖于一个垄断客户——美国国防部。同样地，中国私营安保企业的主要的国企客户也主要是中国国家机构所设立。因此，这两个市场存在共同的特点——国家部门和私营企业之间存在着密切联系。在美国，所有的合同和许可执照都必须得到国务院防务贸易管制办公室（Office Defence and Trade Controls, ODTC）的批准，在中国则是由国家发展改革委员会、外交部和国防部负责颁发许可和批准[8]。

正如美国从战争中学到的那样，中国正在吸取一个重要的教训：雇用私营安保公司能够提供短期的灵活性和经济利益，但如果管控不当，也可能产生长久的负面效应。

中国的商业和安全方面的特别需求，还与中国国有企业内根植的特有文化相关。渗透中国政治和商业的"中国特色"文化，将会影响安保市场的需求和供给。其中一个关键因素与中国外商直接投资的规模有直接关系。虽然中国在安全领域的专业水平仍在提高，但是中国国有企业在基础设施建设方面的能力，和中国的银行能提供的资金之间并不相匹配。

与美国模式相反，中国对安保力量的利用总结如下。中国的私营安保公司：

· 填补提供高级别安全服务供给方面的空白
· 按需提供尚未在本地部署的安保力量
· 转让安全技术和安保技能
· 为"一带一路"的双赢叙事增加一层内涵复杂的空间

·避免中国人民解放军人员损失

在这方面，跨国企业和本地中国企业将会首先明白，基于安保需求新动态的市场将产生巨大利润。[9]国际市场涌现出大批中国私营安保企业，并不符合国际市场的预期。目前，外国公司和专业人士提供了中国公司所需的专业知识。当下能够提供特殊保险、风险评估、危机缓解和危机管理一站式服务的运营商，在中国还不存在。然而，"一带一路"沿线安保市场的预计交易额已经在迫使（该行业的）快速转变和专业化。行业成熟预期仍需要5年（中国的智库这么认为）至10年的时间，更长的时间范围听起来更加合理。

其中一个因素，往往被认为与针对国家垄断军事力量的改革无关，而与最近中国人口呈现出的新的结构相关。尽管从2016年开始，独生子女政策放宽，但中国人口的迅速老龄化加上已经实行了30多年的独生子女政策，这一社会趋势已然影响了中国私营安保公司对人才的招揽，特别是具有外语或跨文化管理能力的年轻毕业生。独生子女家庭对独生子女工作的期望是：在中国国内有安稳的工作，可能离年老父母的家不远，而非一份在喀布尔的危险工作。

作为一个领先的经济大国，中国的发展为地缘政治领域带来新动态，正在影响国际体系的新结构。在过去的 50 年中，雇用私营安保公司的那些方式，将受到中国经济自信的影响。国际安全环境正在转型，因为由"中国威胁论"而产生不安情绪。此外，私人安保动态主要是受市场需求的影响，在业务和合作伙伴方面，正面临着从西方向东方的深刻转变（《环球时报》，2015 年）。"中国特色的社会主义市场经济"与国际私人安保"玩家"过去所熟悉的舞台迥异。自 20 世纪 90 年代以来，市场经济对雇用私营安保公司的正当化，是基于私营和公有企业之间的效率角力背后的基本原理。在撒切尔—里根时代，"新公共管理"运动（New Public Management，NPM）背后的趋势可以总结为 3 个"E"——经济（Economy）、效率（Efficiency）和效果（Effectiveness）（摩尔，1995 年）——在这 3 个维度里，私营部门被认为能更好地提供公共服务。因此，推行医院、学校、公共设施甚至是拘留设施的私有化，成为新公共管理运动中的重要部分。从中国的角度来看，政府公共部门的效率改革已经在几个领域得到了开展，但是被称为"国家冠军"[10] 的大型国有企业的增长，却无法设想一种朝向"小而美"私营企业的趋势。西方认为公共部门，甚至是军队管理效率低下，这一直被作为证明雇用私营安保企业合理的主要理由之一。然而，中国考虑使用私营安保公司时，还有不同视角，包括希望通过让国内的企业接触国外顶级的实践方式，来提升如武力使用方面的专业知识。尽管私营安保公司行业的改革和发展整体上仍处于起步阶段，但一些其他类型的安保和风险管理能力正趋近成熟。

谈及此，中国在将中国公民撤离危险地区的实践中，展示出危机处理能力的不断提升，比如2011年的利比亚和最近的也门。在最近的这场危机中，中国驻该地区使领馆与中国海军舰队联合行动，中国海军在亚丁湾执勤的军舰将几百名中国侨民从也门安全撤离至吉布提。护卫舰临沂舰、潍坊舰以及多艘其他航舰，此前在索马里附近执行反海盗任务，被派遣至也门参与撤离任务。也门撤侨期间停靠在国外港口的两艘护卫舰，以及在利比亚事件中，徐州号导弹护卫舰为从利比亚撤离中国公民的船只提供远程支援，这些事实标志着中国海军舰队在该地区的影响越来越大。除了上述对财产和人员的保护，来自恐怖主义的威胁增加了私营安保公司在提供安全服务和转让战术能力方面的重要性。面对可能发生的恐怖袭击，中国可以受益于美国或以色列私营安保公司对空安人员（airmarshals）进行培训时使用的专业知识。与此同时，英国和新加坡的私营军事公司和保险公司，在反海盗方面能传授顶级的专业实践，使中国私营安保公司能够与中国海军任务编队共同行动，后者已经在从索马里海岸到马六甲海峡的海域执行任务。

中国的国防开支近几年一直在稳步增长，平均占 GDP 的 2%[11]，在绝对数额方面维持每年两位数增长。与之相对，国有企业在私人安保方面的开支较难统计。与国际私营安保企业的经营成本相关的间接数字，可以用来推断所涉资金规模，但中国会计实践缺乏透明度限制了这种做法，以致只能作一个有根据的猜测。就此而言，安保市场不再是严格经济学意义上的开放市场，因为主体和参与者两者之间的信息是不对称的，且对后者更加有利。此外，如果分析中国和美国的安保市场，存在 个共同的错误认知，便是将安保视为一种纯粹的商品。安保及武力作为一种商品，并不是严格由需求驱动的，服务提供者和客户之间的不对称可能导致市场扭曲。在这种情况下，市场扭曲除了经济效率低下造成昂贵的开销、生命的损失，还会导致不安定和国家虚弱状态持续存在下去。在后殖民时代非洲国家发生的冲突中可以看到一些例子，雇佣兵抛弃了道德原则，为了继续销售他们的服务，维持持续的恐慌状态。［布鲁克斯（Brooks），2002 年］例如，在 20 世纪 80 年代，安哥拉和塞拉利昂缺乏问责制，导致执行结果公司（EO）犯下一系列罪行，从未遂政变到各种各样的侵犯人权的行为。同样，在一些情况下，私营安保公司受利益驱使，也与公共部门大相径庭。全副武装的私人安保车队在巴格达沿着"爱尔兰路线"护送美国外交官或高级官员［雷蒙特（Rayment），2005 年］，向在行驶的民用车辆发射了惊人数量的弹药，仅因为对方与护送车队距离过近。尽管大多数时候私营机构一方会严谨地遵守交战规则，但是对当地居民产生的影响，使联军赢得当地民心更加困难。

此前安保工作只由当地武装力量和执法机构执行，因此，当私营安保公司代替它们的职能或者是产生交叉时，摩擦便产生了。由此，股东的利益和其他管理者利益之间未被协调的冲突，是无数与雇用私营安保公司相关的问题的症结所在。此外，以私人身份使用武力可能被利用于实现受雇公司内部的隐藏议程——偏离公司总部或其国家的国际政策——甚至是被同一个私营安保公司可以通过维持现状而获利。最近，伊拉克和阿富汗冲突凸显出私营安保公司是一把双刃剑。一方面，私营安保公司通过为国家军队效力而有利于战事。另一方面，私营安保公司杀害无辜平民和"凌驾于法律之上"的态度，同时损害了政府的合法性。

2016年7月，时任美国国防部部长罗伯特·盖茨（Robert Gates）在芝加哥经济俱乐部（Economic Club of Chicago）发表演讲，强调美国军队应该"做好赢得当前战争的准备，同时对在视域之内或视域之外的威胁做好准备"。这一新的心态是一种回归，将焦点放在"小规模战争"上，这是19世纪的特点，当时在远离西方边界的地方小规模冲突时有发生。伊拉克、阿富汗和最近在苏丹的冲突泥潭，已经开辟了新市场，实现了增长机遇的多样化，不仅是对跨国私营安保公司而言，也是对那些如雨后春笋般涌现、提供分包服务的当地企业而言。在一些情况下，曾受雇于国际私营安保企业的当地承包商会设立本地公司提供安全服务，而价钱只是跨国公司费用的一小部分［斯皮尔（Spear），2006年］。这些公司由从非洲到哥伦比亚的人员组成，都在努力开拓中国市场，它们有一个因素非常符合中国国有企业的需求：价格低廉。

私营安保市场处在新兴的萌芽期，在美中两国，私营安保公司的角色都急需明确的定义。关于审核与制衡，缺乏双方同意的定义，将会放任私营安保公司在法律边缘活动，易造成滥用职权［西波尔斯（Siebels），2014 年］。实际上，跨国承包商当前建立的自我行为准则，与一个国际商定的法律框架——在这样的一个框架下能够建立有效果和效率的公私合作伙伴关系——还有很远的距离。[12] 在缺乏法治的不稳定的国际形势下，执行自愿行为准则会产生一系列相关的常见问题。除此之外，国际行为准则由关于私人军事和安全公司所谓根据蒙特勒文件（Montreux Document）商定的第一份草案演变而来 [13]，为中国的利益相关者提供了一个可以遵循的积极走向。1991 年，在美国国务院雇用戴阳国际公司（DynCorp）期间，为支持哥伦比亚政府根除毒品种植，美国政府给予承包商豁免权。正是这个时候，美国政府将一种危险的趋势制度化，即豁免承包商。这一趋势很快就在法律层面得到了明确，以伊拉克临时管理委员会臭名昭著的 14 号命令为首，随后在阿富汗实行，授予私营安保公司以当地法律豁免权。目前尚未有针对参与私营安保公司海外活动的中国公民的诉讼案，中国的法律体系尚未经受这方面的考验。

在这方面，中国已经做好准备增加私营安保服务的使用，这将会显著影响市场需求和结果，因此有必要让中国政府参与商定建立跨国的法律规章框架：

· 建立明确的程序和投标审查机制

· 促进信息交流

· 建立问责系统

· 为监督和执行机制背书

· 避免通过双边协议授予承包商豁免权的陷阱

　　除了私营安保公司的结构和经营范围缺乏完整可靠的信息，其财务信息也缺乏透明度，在考虑到私营安保公司的作用时，将其视为全球舞台上公共与私营"玩家"纠缠在一起的复杂网络的一部分，而不单单视为一个孤立的实体，这一点很关键。私营安保公司运行其中的复杂动态系统在不断地演化，因此在对私营安保公司构建一个普遍达成共识的定义时，只能采用非线性的方法。只关注单个的组成构件，不去考虑各部分间连续的互动关系，可能会助长偏见和有缺陷的观点。

　　安全的私营化服务于不同的目标和参与者。对于第一世界国家来说，这是避免将自己的士兵和物资置于风险之中。(……)对于脆弱的政府来说，有可能确保他们的地位，并提高内外部的安全性。对于跨国公司，尤其是在采掘部门，有必要保卫其在不稳定地区的投资。（……）最后，那些在推进历史性的新全球"事业"的人道主义团体，也需要安全保障。[克雷默（Kramer），2007 年]

然而，有必要强调中国雇用私营安保公司作为安保力量以保护中国对外直接投资，与美国利用私营武装力量作为战争工具，是不同的。预测一下，如果中国私营安保公司在不久的将来引发一场危机，那中国外交部将不得不对此负责。在制止犯罪勒索或管理当地劳动力方面滥用武力，可能会由此产生一系列危机。与此同时，中国承包商雇员被杀害，那些触目惊心的残缺的尸体的画面，在中国社交媒体（如微博、微信、豆瓣[14]）上的传播，可能会在中国国内引发一波抗议中国"不干预"外交政策的浪潮[塔特罗（Tatlow），2015年]。[15] 2004 年 11 月的"幽灵之怒"（Phantom Fury）行动就是一个例子——美国军队重新占领费卢杰，造成双方大量伤亡。此前，4 名来自美国黑水公司的雇员被杀，其面目全非的尸体被展示在大众媒体上之后，美军被迫实施了这一作战行动。这次作战行动背后的主要原因与宏观的战略行动无关，而是为了遏制国内公众愤怒舆论的爆发。

二、安保市场：中国 vs. 俄罗斯

换句话说，我们谈论的不是典型的西方私人军事企业，负责守卫着阿富汗或伊拉克的一座发电厂，从目前的发展态势看来，它是国家控制和使用的专业干预力量，推动俄罗斯的海外利益。同时，在任何干预开始阶段，这样的一支力量都是可以被否认的。[沃彻斯特（Worcester），2014年]

从俄罗斯的立场来看，军事理论所赋了代理人战争的作用自苏联时代以来没有改变，只是参与其中的玩家变了。俄罗斯想要将权力辐射至海外的政治和经济利益，但是指望前苏联的追随国家提供代理军队，现在看来是不可能的了。在进入克里米亚以及乌克兰发生的复杂冲突中，展示了"志愿军"和私营安保公司（俄语：ChVK）是如何取代了代理军

队，如同安哥拉解放战争中的古巴志愿军的作用［格雷吉赛斯（Gleijeses），2002 年］。然而，俄罗斯私营安保公司的作用不只是保护俄罗斯在海外的能源公司，或者在俄罗斯商业船只上提供反海盗援助，它在地缘政治的棋盘上具有更大的战略价值。在克里姆林宫正式干预叙利亚之前，俄罗斯私营安保公司介入中东事务，仍然只是一种臆测。自 20 世纪 90 年代以来，俄罗斯当地私人武装市场受到国家的遏制，以避免保护寡头的保镖全副武装地横行莫斯科而享有免受惩罚的特权。再则，据报道称对使用武力的限制正在逐步取消，特别是鉴于私营安保公司部队受雇于保护国有企业的能源部门，例如俄罗斯天然气有限公司。[16]

与美国同行相比，普遍认为俄罗斯使用与军方有密切合作的私营安保公司，但以更不露声色的方式，由于法律限制了私人武装人员在国外的使用。虽然美国中情局在伊拉克和阿富汗雇用私营承包商，从事不在预算账面上的、可以否认的行动［曾科（Zenko），2015 年］，但是俄罗斯私营安保公司的"零足迹"作用更加明显。与此同时，中国方面对修辞式的可否任性的需求，被认为是最小的。重商主义风格的"一带一路"倡议蓝图，让人不会担心中国会染上美国和俄罗斯对使用私营安保公司的嗜好。

与中国禁止国民为了获取利益而参与武装冲突的法律十分相似，雇佣兵活动被俄罗斯刑法全面禁止。[17]目前，政府和私营安保企业的角色和它们之间的伙伴关系悬停于法律的边缘以及广阔的灰色地带上，在这里禁止提供雇佣兵服务的法规通过一系列的跨国空壳公司被规避掉了，据称这些公司受到国家情报部门的支持，例如俄罗斯军事情报局格鲁乌（GRU）以及更为人所熟知的俄罗斯联邦安全局。

据丹尼斯·科洛特科夫（Denis Korotkov）对当代俄罗斯雇佣兵及其准军事组织在俄罗斯对乌克兰和叙利亚的干预中的作用的调查报道［古斯塔夫（Gostev）和寇尔森（Coalson），2016 年］，名为瓦格纳私营安保公司（ChVK Vagner）的未经注册的私营军事承包机构，雇用全副武装的前俄罗斯军人在叙利亚开展行动。

> 根据来自叙利亚的第一手或二手情报，瓦格纳集团通常被用作精锐步兵部队，这自然导致比特种部队的通常伤亡还要大得多的损失。但是谁来协调工作，谁来指挥他们的，我无从得知。(《丰坦卡河》，2016 年）

据报道，瓦格纳雇佣兵在协助叙利亚总统巴沙尔·阿萨德（Bashar al-Assad）的部队夺回帕尔米拉中发挥了重要作用。据俄罗斯的调查记者称，俄罗斯国防部向私营安保公司提供了后勤飞机和直升机，以及格鲁乌特种部队使用的特殊武器。同时，可以推测由于俄罗斯向该地区输送了大量的军事装备，在国际武器市场上获得同样的设备并非不可能。

受雇于乌克兰的准军事部队与瓦格纳集团的主要区别之一是，后者主要由退伍军人组成。与准军事志愿者的另一个不同之处在于，俄罗斯私营安保企业雇员的平均年龄超过30岁，主要由曾经参与过俄罗斯官方领导的战役的退伍军人组成，他们以前在冲突中积累了经验。此外，与中国和美国同行的主要区别是其高伤亡率。据军事网站 militaryarms.ru 报道，瓦格纳部队在冲突最脆弱的地区担任突击部队，以死亡率非常高而出名。美国的私营安保公司卷入了战争，在使用武力上必须采取主动，而中国仍处于积极参与的边缘，相较而言雇用俄罗斯私营安保公司时，雇主将它们视为前线部队。

与美国和中国的私营安保企业相反，俄罗斯雇佣私营安保企业似乎更倾向于将政治风险最小化，而不是最大化经济利益。在冷战期间，莫斯科已经掌握了如何不留痕迹地使用外部军事力量，以避免追溯到与俄罗斯外交政策的联系。俄罗斯联邦军队的全面改革和强军过程由于石油价格的崩盘而放缓，这时俄罗斯私营安保企业已经不仅仅作为用于推进莫斯科海外利益的可否认的武力，也作为因裁军而被遣散的专业士兵的接收方。令莫斯科担忧的现实是，大批被裁撤的士兵可能加入犯罪团伙，利用他们以前所受的训练来支持犯罪活动。但与中国的主要区别在于，大部分俄军复员军人是具有真正战斗经验的退伍老兵。

　　与此同时，尽管一些西方学者仍然关注这一事实，即与欧盟或美国的同行相比，市场在俄罗斯私营安保公司扩张中的作用有限，但预测它们会被在后苏联地区急需安保服务的外国公司雇用并非不妥。根据其网站上所宣传的，俄罗斯私营安保公司，俄罗斯安全系统（Russian Security System）集团[18]的卖点之一，是他们为那些对于与西方安全服务提供商打交道感到不适的国家和公司提供服务。与此同时，几个参与保护中国在"一带一路"中亚部分利益的中国私营安保公司考虑到俄语仍然是该地区使用最广泛的交流媒介，正在探寻与俄罗斯专家合作的可能性。对比几个俄罗斯私营安保公司与其中国主要同行的网站，可以发现几个不同点。中国公司的主要卖点是与固定守卫以及要员保护（VIP Protection）相关的服务，而俄罗斯公司则倾向于宣传更动态的方式，强调安全系统集团这样的公司拥有丰富的实战经验和指挥控制经验。

在中亚地区，莫斯科可能愿意在集体安全条约组织（Collective Security Treaty Organization，CSTO）的庇护下监督安全行动，而对该地区经济领域的影响力则属于中国政府。然而，当俄罗斯在叙利亚冲突展示出最新的军事装备和战术能力时，俄罗斯联邦武装部队是否将重新进入中亚和南亚的热点地区，比如阿富汗，仍值得怀疑。在这一点上，中国在中亚和南亚不断增长的经济优势以及这一地区新的权力真空，可能会迫使中国成为该地区安全服务领域"迫不得已"的提供者。同时，私营安保公司在俄罗斯的作用，和他们的中国同行一样迅速演变。在这方面，俄罗斯副总理德米特里·罗戈津（Dmitriy Rogozin），除了公开反对俄罗斯国防部，还建议国家必须用新的法律框架去支持俄罗斯私营安保公司，不再重复有关维克多·布特（Victor Bout）案[19]的丑闻。"战争之王"[20]维克多·布特是一个缩影，体现了从红军的消亡中衍生出来的前情报和军队的社会关系，如何成为一个营利的企业，从事非法武器贸易并且在非洲为武装民兵以及据说还有恐怖组织提供支持。

俄罗斯私营安保企业的重点是在高风险地区提供服务的能力，雇员可能会在那里参与战斗。然而中国的私营安保公司提出了进行防卫性服务的可能性，主要服务在海外进行投资的中国公司，俄罗斯的立场显然更加具有侵略性。最重要的是，这些俄罗斯公司的网站覆盖不同的语言，从英语到法语再到阿拉伯语，他们更愿意称自己是私营军事公司而不是安保公司。相比之下，中国的私营安保公司网站至多只将中文内容做简单的英文翻译，这意味着他们对向非中国客户提供服务缺乏兴趣。大多数能提供有效的英文沟通的中国私营安保公司，是在中国大陆为外国公司提供固定安保服务的企业。比如，中国安保的案例，它向通用汽车和上海迪士尼乐园这样的美国跨国公司提供安保服务。

我们基本上不会像雇佣兵那样参加武装冲突，也不会为公司和组织提供可能与恐怖组织有关的咨询。我们也不参加推翻政府以及其他可能违反国际法规和公约的行动。[21]

除了咄咄逼人的姿态外，俄罗斯安全系统集团这样的公司也声称已建立一套国际认证，并且与国际组织，例如联合国合作，从而避免公司提供非法或至少可疑的军事服务。[22]

与西方同行相比，俄罗斯私营安保公司进入中国市场迟了一步，但是它们向中国提供服务有一些优势。从某种严格意义上的中国国有企业的角度来看，俄罗斯私营安保公司提供了有竞争力的价格，其人员的语言能力在"一带一路"所涵盖的几个区域可能至关重要，与可能危及国有企业商业机密的西方国家也没有联系，最重要的是，其"男子气概"仍然吸引着一些更看重火力而非风险防范的中国私营安保公司。

三、绑架与勒索：特殊保险的作用

自从冷战结束以来，一些反叛组织将注意力从意识形态斗争转向了更有利可图的犯罪活动——从毒品生产贩运到以金钱为目的的绑架。虽然这个市场已经存在了几十年，但与反绑架勒索和刑事敲诈（criminal extortion）有关的特殊保险行业的名声，在 20 世纪 90 年代末[23]，哥伦比亚的游击队哥伦比亚革命武装力量（Revolutionary Armed Forces of Colombia，FARC）绑架几位美国企业高层，以及在最近索马里海岸的海盗劫持案件发生后开始变差。仅在 2010 年，与反海盗相关的保险风险成本就高达每年 2 亿美元（《经济学人》，2013 年）。由于服务提供者和客户之间受到机密性的约束，除了由货运公司公布的保险账户，特种保险部门不提供方便获取的开源数据集。尽管存在获取数据的透明度问题，但根据每年所支付的赎金来计算，估计到 2015 年，绑架勒索这门"生意"的价值应超过每年 5 亿美元。[24] 在中国人员集中的地区，特别是在非洲国家，为了经济利益的绑架比出于政治原因的绑架更普遍。此外，发生在中国建筑工地的勒索事件则司空见惯，不仅仅是中国工人的安全引发了担忧，盗窃建筑材料和设备以及因此导致工期延迟而产生的项目损失也引发忧虑。除了北非和西非萨赫勒（Sahel）地区，对中方人员来说，绑架风险较高的地区主要分布在阿富汗、哥伦比亚、委内瑞拉、墨西哥、巴西、菲律宾和东南亚。与上个世纪相比，绑架更加受宗教极端主义而非政治意识形态所驱使，但最终都是出于利润而非原则。因此，出于经济目的绑架是增长最快的犯罪行业之一［布里格斯（Briggs），2001 年］。

据化险集团分析，绑架勒索的总体风险在中国的水平较低，但在广东省城市非中心地区、边远边境地区以及新疆维吾尔自治区，风险处于中等水平。在中国，罪犯实施绑架主要是为了经济收益。同时，敲诈勒索和劫持人质也可能发生，特别是当与个人或商业纠纷有关的时候。[25]

在过去几年中，发生在驻华跨国公司外籍经理身上的短期绑架事件的数量有所增加。这是经济衰退和经济重构所造成的。在谈判过程中工人绑架经理的案件，已经发生过许多起。

2015年上半年，亚洲仍然是世界上绑架风险最高的地区，风险最高的国家是印度、阿富汗、巴基斯坦和菲律宾。中国的高管和富人已经意识到对他们安全的威胁，特别是绑架勒索赎金，但是该风险的真实水平还没有被完全认识。在这方面，中国已经经历过由于绑架失败而产生人员伤亡，但是这种威胁属于新事物，仍然没有得到适当的重视。而雇用贴身安保人员，通常被称为保镖，在中国更多的是一种身份象征而非出于必要性；在非洲和南非，绑架勒索案件的增长迫使企业和个人采取更有效的措施保证其安全。

中国国内有数千家本地私营安保公司，提供省级和市级服务，但只有很少一部分有能力在海外有效部署人员。与这些公司有关的一个主要批评是，它们只关注受雇人员的格斗经验，这在中国意味着像样的武术知识。这些私营安保公司和他们的客户完全理解错了，在出国旅行时提供有效的贴身保护需要什么。甚至有传闻说[26]，这些所谓的保镖曾因为无法按时获得旅游签证而无法保护他们的客户。然而，保镖培训课程在中国如雨后春笋般涌现，女性保镖作为身份象征，属于需求最高的服务之一。虽然保镖学校遍布全国各地，但具良好教学能力的训练中心大多位于首都，或在国外开设课程。保镖的需求量与中国经济共同增长，对更高专业化的需求是中国企业和高收入个人在境外面临安全挑战的衍生品。

而大多数西方跨国集团都以某种方式在绑架勒索危险方面照顾员工，甚至设立专门的安全部门作为公司人力资源部门的一部分。[27] 但中国国有企业倾向于在问题出现后，索要赎金的要求已经提交给总部，才聘用外国顾问。

此时，化险集团这样的公司在中国已经配备齐全人手，正与平安等中国保险公司合作，以在特殊安全领域以及在旨在降低绑架风险的培训和服务方面达到更高水准。巴黎和比利时发生的袭击事件引发了越来越多的恐惧，忧心忡忡的中国首席执行官们已经开始要求进行特别培训以及配备贴身保安人员，即使只是在欧盟进行短期商务旅行。不过，特殊风险情报——该产品涉及安全报告和紧迫威胁，旨在避免客户"在错误的时间"出现在"错误的地方"——仍然被中国企业仍然认为是不必要的开销。并且，中国的保险市场被视为国家战略行业，受到严格的监管以保护国内的国有企业（中国人民保险公司、中国太平洋保险公司、中国太平保险公司和平安保险公司）免受来自国外企业的竞争。因此，中国保险监督管理委员会（China Insurance Regulatory Commission, CIRC）对外资保险公司的严格要求，极大地限制了渴望进入中国市场的海外保险公司。

尽管"一带一路"沿线国家的危险加剧了生命和资金的损失，减损了项目的可行性，但可预见，中国会加快对国外专家开放的进程，因为特殊险别不仅是一种承保范围常见的保险产品，还是预防、管理和减轻风险的工具。绑架勒索相关市场是一个不断增长的利基市场，涉及中国经济在海外扩张的足迹和一个常见但错误的认知，即中国的游客和旅客都非常富有，愿意在短时间内支付高额的赎金。

在"一带一路"沿途，绑架勒索最"火热"的地区位于南亚和中非，以及另一个不在"一带一路"沿途但仍引起中国商人注意的地区，拉丁美洲地区。接纳并且不断扩大中国在本地投资的国家中，有一些属于高风险地区。从 21 世纪初开始，拉丁美洲国家对于从能源到最近的旅游业和农业行业的中国国营企业来说，一直是一个有吸引力的经济环境。大多数时候，进入该地区的中国国企人员并未意识到，准军事组织和犯罪团伙敲诈勒索和暴力行为的猖獗程度。快速绑架（Express kidnapping）是最常见也是威胁性最高的勒索形式，在巴西和哥伦比亚相当普遍，从劫持到绑架后立即释放，大多在同一天发生，相比长期绑架要求的几十万或百万美元，这种形式的赎金金额有限。在这方面，拉丁美洲有通过绑架勒索来资助准军事组织和游击队的传统，比如哥伦比亚革命武装力量曾绑架并囚禁人质多年。这不光彩的传统，以前参议员英格丽德·贝当古（Ingrid Betancourt）被绑架并被监禁 6 年半最为典型。

日前，中国政府方面普遍将绑架中国公民的事件视为与政治和宗教动机无关的犯罪行为。然而，中国长期以来的不干涉原则的演变，不希望看到这样一个新兴世界大国在当代全球化经济中回避应承担的义务。在中国仍然坚持不干涉原则之时，中国经济扩张的规模已然不允许中国政府继续完全依赖东道国安全部队来保护中国公民。

自冷战结束以来，政治动荡的加剧也促进了绑架市场作为一种商业模式的增长。大型军队的解散导致大量士兵来填补私营安保公司的力量空缺，与此同时游击队和其他武装组织必须找到其他资金来源继续支持他们的斗争。利用勒索获得赎金，使得政治斗争和暴力犯罪之间的界限更加模糊。

苏联解体后，为带有意识形态倾向的武装团体提供的资金一直在减少，因此绑架已经成为资金的一个主要来源。哥伦比亚革命武装力量是从意识形态斗争向违法获取资金转变的一个主要例子。在尼日利亚和某些前苏联地区的犯罪分子们越来越把绑架当成摇钱树。

基本上，涵盖绑架勒索的特殊保险并不仅仅向受保人的公司或其家属偿还已支付的赎金。更重要的是，特殊保险提供从危机预防到绑架过程中的支持等安全咨询服务。美国公司进入那些有外国投资且被认为绑架风险高的地区，习惯于提供包含几百种保险，保额可高达几百万美元的特殊保险[28]；遗憾的是，对于中国而言，支付高额保费的意愿仍未被认为是必要的。中国国有企业支付高额保费的意愿较弱，因为被绑架的危险和威胁尚未被认定是真实的。

一个典型绑架勒索的保险单包括几方面的花费，从将罪犯绳之以法的悬赏金，到给受害人家属提供的心理支持，甚至是如何避免死亡员工家属起诉的那些法律程序。在绑架发生后，保险单也可以用于报销心理辅导及康复费用。

在北京只有少量培训活动是提供给当地的私营安保公司的。这包括情报在减少安全风险中的作用，以及建立处理绑架危机的标准操作程序。例如，对于位于中东和非洲的中国私营安保公司来说，所面临的最突出的问题之一是中国工程师们总是保持着可预测的每周行程，例行前往当地酒吧和卡拉 OK，在工地的生活之余寻求一些消遣的活动。如果考虑到大多数建设区域位于伊斯兰国家，那么工人不了解在公共场合饮酒的文化敏感性，这可能会导致更多的问题。因此，熟悉每天固定行程的当地司机增加了罪犯绑架中国工人的机会。中国人质在绑架犯罪市场的价值每天都在上升。驻中国的国际专家观察到，中国公司，尤指最近在南美洲国家开始运作的公司，并没有意识到他们将要面临什么水平的暴力。一旦绑架程序，特别是以"快速绑架"的形式启动，中国企业为了避免谈判过程往往会支付比索要赎金更多的钱。这种态度只会让犯罪团伙提高赎金额度，也可能导致这笔赎金错误地支付给混入谈判的其他犯罪集团。

这个将会伤害到中国公司利益的新问题，可能会应中国国有保险公司（Chinese State Insurance Companies）的要求，推动在境外投资担保前建立危机管理协议。在优惠拨款和信贷额度超过 1000 万美金的项目支出前，国家发改委要求进行风险和安全评估。申请在危险地区建造基础设施的公司需要出具精准的安全分析，这由例如位于北京的杰富仕公司或上海的化险集团这样的公司提供。强制性安全分析虽然属于良好的开端，但只是了解真正的安保意味着什么的初步准备。遗憾的是，承包公司普遍认为做这种评估的花费是获得优惠信贷额度的额外负担。来自平安等中国保险公司的专家开始意识到这一细分市场的重要性，这将会在"一带一路"倡议沿线提供重要的收益。其他保险提供商，如中国太平保险公司，则正在试水市场。

为了一瞥非洲萨赫勒地区的高度危险，可以看关于该地区 2016 年 4 月正在发生的绑架勒索的报告。在马里，中国已经付出了血的代价，有 3 名国有企业高管被杀，外国人被绑架的风险依然很高。2012 年以来，随着马里中央政府的逐步恶化，民兵和极端分子已经将自己置于权力真空之中。"伊斯兰后卫"（Ansar Dine group）等极端分子一直活跃在马里以及马里与布基纳法索接壤的边境地区发生的恐怖活动中，他们将绑架当地人和外国人作为重要的资金来源。2016 年 4 月 16 日，4 名国际红十字会的工作人员，在马里东北部的基达尔（Kidal）地区遭绑架。极端组织"伊斯兰后卫"再次宣称对此次绑架负责，要求释放之前法国军队抓获的"圣战"分子。部署在萨赫勒地区的法国军队是"新月行动"（Barkhane Operation）[29] 的一部分，该行动旨在稳定该地区，保护当地和国际社区。搜捕疑似与宗教武装分子有联系的个人有一定的副作用，即引起了当地居民的敌意。因此，抗议外国军队的活动不断增多，引发了暴力行为并导致几人死亡。在中国工人中蔓延着不安全感，因为该地区正处于高风险水平。

在尼日利亚，自然资源公司的员工一直是绑架者的首选目标。2016 年 4 月 16 日，1 名尼日利亚国家石油公司（Nigerian National Petroleum Corporation，NNPC）的技术人员被绑架，随后又有 3 名国家铁矿公司（National Iron Ore Mining Company，NIOMCO）的雇员在两天后被绑架。4 月 22 日，发生了针对奥孙州财政部（Osun State Ministry of Finance）常务秘书长的高级别绑架案，当时他和他的团队正从在阿布贾召开的世界银行和欧盟改革的联合会议返回国内。在整个 4 月里，几名警察、州官员和大学工作人员被绑架以索要赎金，这些绑架案由如"富拉尼牧人"（Fulani Herdsmen）这样的部落组织的极端分子和犯罪团伙实施。4 月 5 日，在尼日利亚南部一群匪徒袭击了 1 个车队，绑架了 1 名黎巴嫩建筑工人，1 名保安被杀。尽管在该国南部，绑架行动中表现出残忍和暴力行为，但这些活动的目的在于通过非法手段获得经济利益，而与极端主义武装分子关系较小。歹徒们要求的赎金数额不超过 5 万美元，而极端主义分子一般会要求数百万美元。同样是在尼日利亚，绑架当地政治人物及其家人亲戚很常见。另外，可预见的未来里，绑架威胁在全国范围内都很高。由"博科圣地"（Boko Haram）[30] 等极端组织实施的绑架，袭击目标包括本地及外籍人士。例如 2014 年，276 名女学生被绑架的悲剧仍然未被解决。

尽管相较于上年，2016 年的海盗和劫持事件发生趋势有所减缓，但这种现象在几内亚湾附近还没有被完全根除。仅在 2016 年 4 月，在尼日利亚海岸附近就发生了 3 起勒索事件，Mt Puli 号、Cma Cgm Turquoise 号和补给船 Armada Tuah 号上的 12 名船员被绑架。

此外，在索马里海盗劫掠仍然是当地居民的主要收入来源。2016 年 4 月，共有 50 多名外籍船员被绑架。缺乏地方安保和能够平息犯罪现象的中央权力导致内陆地区产生了允许海盗扣留外国公民的安全区域，不再需要为躲避侦测而不断地把人质转移到不同的藏身之处。

尽管如此，索马里和肯尼亚边境地区的绑架案减少了，更可能要归因于前往该地区的外国人减少了，而不是因为采取了更有效的安全防范措施。同时，国际反海盗行动也使得此类事件减少，但绑架勒索的风险仍然很高，这是因为在内陆存在着组织严密的犯罪团伙和武装极端主义集团。在这种情况下，臭名昭著的恐怖组织"青年党"（Al-Shabaab）[31] 能够轻而易举地在索马里和肯尼亚之间转移他们的行动基地，寻找高价值的目标。

目光从非洲转到南亚和中亚，2016 年的 4 月，在阿富汗的许多国际援助人员遭绑架，例如凯瑟琳·简·威尔逊（Katherine Jane Wilson）在贾拉拉巴德省被绑架，12 名来自国际非政府组织危险区域生命援助组织（Hazardous Area Life-Support Organization，HALO）的反地雷工作者在哈特省（Heart）被绑架，还有两名属于某个国际非政府组织的孟加拉国国民在昆都士市被绑架，他们来自一个国际非政府组织。由阿富汗塔利班宣称负责的武装分子绑架活动激增，绑架活动成为支持他们斗争的收入来源。阿富汗和巴基斯坦之间的边界提供了一个来去自如的地区，用来转移被绑架者。此外，巴基斯坦其他地区如卡拉奇市周边地区或瓦济里斯坦（Waziristan）部落地区是（绑架分子的）安全区，绑架外国人的活动可能受到当地极端分子或监督乏力的警察部队的保护。

在中国和菲律宾的双边合作有所增加的同时，菲律宾"阿布沙耶夫组织"（Abu Sayyaf Group）[32] 仍然使绑架人质的数量增加了。除此之外，富有的中国游客日益成为绑架的目标。2016 年 4 月 25 日，该恐怖组织将约翰·里兹德尔（John Ridsdel）斩首，这是一位 68 岁的加拿大籍游客，他被绑架并且被索要 2000 万美金的赎金。

中国有两种方式来独立应对发生在海外的绑架：解放军特种部队和私人安保公司。要使这些选择可行，它们必须同时有能力、有意愿在海外行动中使用武力。遗憾的是，对中国来说，这两种选择都不完全符合上述条件［霍普特（Houpt），2012 年］。

四、中国私营安保公司与恐怖主义网络

2016年7月25日，"基地"组织头目艾曼·扎瓦希里（Ayman al-Zawahiri）公开播放了一段采访音频[33]，煽动"圣战"分子增加抓捕西方人质，为交换被监禁的"圣战"战士创造更多的筹码。受到这种威胁的不仅限于西方人。根据杜懋之的分析：

> 近年来出现的国际恐怖主义已经成为对侨居海外的中国公民的直接威胁。随着中国足迹越来越全球化，其遭受恐怖袭击的风险也有所增加。（杜懋之，2016年）

1990年代的北京公交车爆炸案、劫机未遂事件到企图在中国首都中心天安门广场引爆一枚汽车炸弹未遂案，宗教激进组织增强了他们在海内外的威胁。2015年3月1日，8名极端分子实施了一起有预谋的自杀式袭击，在昆明火车站刺死29名通勤的无辜旅客。昆明袭击案之后的其他几起行动都涉及刀具和简易武器的使用。极端分子活动范围的扩大和规模的增加，影响了新疆维吾尔自治区的稳定。2015年8月30

日中国在吉尔吉斯斯坦的外交使团遭遇爆炸袭击（新华社，2016 年 b），标志着恐怖分子对从中国内部威胁，转变到攻击中国在海外的利益。

自 2017 年以来，因为很多在阿富汗、伊拉克和叙利亚接受训练、战斗经验丰富的"圣战"分子回国，极端分子的作案方式发生了变化。（佩奇，2016 年）

极端主义威胁迫在眉睫，从自封的"伊斯兰国"呼吁发动"圣战"，到新疆分裂分子，都让中国政府面临着更高要求，需增加己方反恐人员的数量和成熟度。2001 年以来中国加大了反恐力度，从国家公安机关到市级公安机关，随着专门部门深入基层。在这方面，专家的缺乏（《中国日报》，2016 年）促使中国政府提高反恐部队的训练和防范能力，以预防和减轻极端主义的威胁。尽管所有的训练都在内部进行，但其中以色列和其他国外专业培训师在中国公安培训系统并不鲜见。而中国内陆地区，例如新疆，即将增加大批拥有反恐能力的公安人员，想象一下，在中国国内部署私营安保公司打击极端分子是不可能的。不太可能期望中国本地的私营安保公司去面对有组织的骚乱。另一方面，在国际范围内，雇用或者与反恐私营安保公司合作，以支持中国军人或武装人员或者与东道主国家的安保人员合作是可行的。在最近的中东白皮书中，中国政府表示，应东道国的邀请，中国的军事人员可能被派往国外以对抗极端分子的威胁。另一个中国人民武装警察辖外活动的例子，是追捕在湄公河上杀害中国船员的凶手。2011 年 10 月 5 日，毒品走私者在臭名昭著的"金三角"、湄公河的泰国一侧袭击了两艘中国货船。这次袭击中 13 名船员惨遭杀害。几个月后，匪徒们在老挝被逮捕后被带到中国进行审判，并且最终被处决。针对这次引渡，中国政府的主要论点基于罪案是发生在飘扬着中国国旗的船舶上的犯罪事实。[34]

因此，在安保和反恐人员之间的国际合作将会增加，这不仅局限在私营企业，而且也在像中国公安部那样的公共部门，后者已开始与国际刑警组织（Interpol）开展人员往来、海外培训和司法合作。

根据新美国（New America）智库 2016 年 7 月份发布的一份报告，[35]"超过 100 名新疆穆斯林加入了极端组织'伊斯兰国'"。这些数字仍然有限，但很有可能会大量增加。新疆是"一带一路"的基石。当世界的焦点对准叙利亚和伊拉克的"伊斯兰国"，"黑色哈里发"对于中国内陆和"一带一路"

都是一种威胁。"伊斯兰国"在阿富汗和中亚地区的存在增强，也对中国稳定西部新疆维吾尔自治区的努力构成了威胁。

自从中国驻吉尔吉斯斯坦大使馆被炸以来，"伊斯兰国"的重心在向东、向中亚地区转移，与中国向西发展的步伐发生直接冲突。

以美国为首的阿富汗西方联军正在从"当地驻军"的战略，向着改善当地阿富汗国民军的作战能力转变。

自 2014 年 7 月以来，"伊斯兰国"呼吁发动"圣战"，让中国面对的全球恐怖主义威胁。在一些组织中，更偏向于在地域上定义威胁模式。阿富汗、俄罗斯和美国在安保上的反应，凸显出传统的战略和战术不再适用于快速变化的不对等局势。阿富汗"圣战"分子在中国传播不稳定的威胁常常被高估，而毒品交易，[36] 作为当地恐怖分子非法资助的来源，遗憾的是，常常被忽视（阿尔杜伊诺，2015 年）。一方面，成熟的中国私人安保公司不仅能够提供当地安保服务，也在收集信息、防止极端主义传播上发挥协同作用。另一方面，必须考虑到一些国际私人安保公司的行为，增加了东道国对雇用外国安保人员的不信任。在伊拉克冲突期间，因为某几个国际私营安保公司虐待和杀害当地平民，所谓的"黑水综合征"

已经导致阿富汗和埃塞俄比亚等几个国家出台了针对雇用跨国私人军事力量的禁令。特别是在阿富汗，中国国有企业必须依靠当地部落民兵和阿富汗国民军的层层保护，而中国人民解放军则负责确保中国外交人员的安全。[37] 阿富汗关于私人安保公司的新法律正式禁止雇用外国武装人员，然而中国的法律禁止中国公民携带武器出境。尽管如此，法律框架仍然给中国的私营安保企业提供了空间，它可以作为连接当地安保力量和中国企业之间的桥梁，以满足中国公司对于风险和危机管理、安全规划的需求，和为可能被派去危险地区工作的人员提供基本培训的需求。在这方面，中国新的《中华人民共和国反恐怖主义法》[38]（以下简称《反恐法》）首次允许中国人民解放军可以在获得东道国首肯的情况下，在境外进行反恐行动。因此，中国私营安保公司在当地的存在，可以提升任务感知和威胁评估。同样地，中国私营安保企业的发展，也可以促进情报共享，加强与中国外交使团，以及在未来像吉布提这样的海外基地的联合行动能力。

此外，致力于预防境外极端分子袭击的安全部队数量增加，主要是在新疆维吾尔自治区。该地是"一带一路"搭建连接欧亚大陆桥梁的主要区域，石油和天然气管道在此交织，计划中的连接中国与邻国、最终通往欧洲的铁路和高速公路在此交汇。该自治区边境地区被极端分子闹得很不安稳，他们试图妨碍中国政府"一带一路"倡议的计划。

据新华社 2016 年的报道，新疆发生的新一轮恐怖袭击增加了对该地区的安全威胁。一个突出的例子是发生在 2016 年 12 月 28 日，墨玉县党委大楼的爆炸案。据公安部描述，袭击者用刀袭击了中国官员并引爆了一个爆炸装置，造成两人死亡。极端主义浪潮复苏迫使中国大城市采取新的政策，关注城市居民的安全，解决恐怖主义威胁。例如，上海等城市的趋势是发展城市安保与危机管理的新框架，不断加强对本土极端主义的关注。高峰论坛"互联网时代的公共安全与危机管理"[39]很好地诠释了像上海这样的大城市正面临的突发事件和危机管理的严峻挑战。论坛提出城市管理的转型和社会经济改革面对的新挑战，主要关注防范公共威胁事件、网络风险、在人口密集地区进行突发事件救援。类似的会议遍布中国各地，北京也曾在同一年内举办过，重点是主要通过中国私营安保企业保护"一带一路"，黑水公司前任首席执行官普林斯作为嘉宾出席。在这个问题上，一些西方学者认为中国在打击国际恐怖主义上采取的方式越来越军事化。因此，管理得当且受到合理监控的私人安保公司在避免军事行动升级中的作用将变得至关重要。

五、"打老虎、拍苍蝇"：抓捕海外贪腐人员

根据中国共产党中央纪律检查委员会公布的官方统计数字，2014 年至 2016 年底，2442 名出逃海外以逃避刑事指控的中国公民被遣送回国。"打老虎、拍苍蝇"很好地反映出中国在打击腐败方面的决心，不管是高级领导（老虎）还是低级别的官员（苍蝇），都会被绳之以法。[40]

海外反腐运动的开展是为了遣返携巨额赃款潜逃的中国逃犯。发布的数据展示了通过非法渠道被转移到海外的资金规模，以及有关罪犯身份的概况。大约 15% 的被告是政府官员，分别在 70 多个国家被捕，涉及的非法资产总额达 12 亿美元。

被捕并被遣送回中国的罪犯数量不仅展示出中国的追踪能力，还体现其具备应对 70 多个国家法律体系的外交能力。2016 年的最后几个月，回国自首的罪犯人数也有所增长，罪

犯是为了获得与被逮捕相比更宽大的处罚。例如，十大逃犯之一的杨秀珠，在海外逃亡了 10 年。

对行贿受贿罪犯的追捕已经展示出中国政府加强了与国际刑警组织以及收留罪犯国家的警方和法务部门的合作。同时，由于大量的刑事案件涉及庞氏骗局和几百万美元的资金，越来越多提供信贷回收的中国私营安保公司正在微调国际能力，以追踪诈骗犯以及追回被贪污或盗用资金。而以色列和英美系的安全公司是以国际市场为目标的中国传统私营安保公司接受培训与合作的首选。而在商业诈骗方面，新加坡的咨询公司是最好的合作选择。新加坡公司不仅提供了稳健的财务背景，还具有与中国私营安保公司合作需要的语言和跨文化交际能力。

注　释

1　"到 6 月底（2016 年），中国已经与 104 个'一带一路'沿线国家签署了双边投资协定，在这些国家的投资总额已经达到 511 亿美元。"新华社，《"一带一路"倡议将会取得更大成就》（"Belt and Road Initiative to embrace greater achievements"），《上海日报》（2016 年 9 月 29 日，星期四）。

2　美国中央司令部于 2015 年 1 月报告称，在其辖区内，有 54 700 名私营安保公司雇员为国防部工作。http://www.acq.osd.mil/log/PS/reports/CENTCOM%20Census%20Reports/5A_January2015.pdf

3　作者在中国采访跨国私营安保公司营业人员（北京，上海，2014 年至 2016 年）。

4　图表 1，来源：美国国防部分管采购、技术与后勤的副部长办公室（Office of the Under Secretary of Defense for Acquisition, Technology and Logistics），http://www.acq.osd.mil/dpap/pacc/cc/history.html

5　彭博社，http://www.bloomberg.com/research/stocks/private/snapshot.asp?privcapid=128162717

6　"斯德哥尔摩国际和平研究所表示，世界各国军事开支重持上升趋势"，2016 年 4 月 5 日。https://www.sipri.org/media/press-release/2016/world-militaryspending-resumes-upward-course-says-sipri

7　《中国日报》，《中国和俄罗斯推动军事合作》（"China, Russia to promote military cooperation"），2016 年 11 月 23 日，http://www.chinadaily.com.cn/china/ 2016-11/23/content_27472540.htm；今日俄罗斯（RT），《俄罗斯和中国的军事合作"创历史新高"，对他国不构成威胁》，2016 年 11 月 23 日，https://www.rt.com/news/367880-russia-chinacooperation-stability

8　发改委官网：http://en.ndrc.gov.cn/

9　负责中国工作的中情局前任特工，在 2016 年 1 月于上海举办的私营安保公司研讨会上如是说。

10 《中共中央、国务院关于深化国有企业改革的指导意见》（"Guideline by the Central Committee of the Communist Party of China and the State Council for the Deepened Reform of State-Owned Enterprises"），2015 年 8 月 24 日由中共中央和国务院印发。

11 斯德哥尔摩国际和平研究所，2015 年中国军费支出结构。简氏年度防务预算核查报告，2014 年，信息处置服务公司（IHS Inc.），"至 2015 年，中国的军费开支会超过英国、法国和德国……在 2015 年开支的总和。"

12 对于私营安保服务供应商来说，国际行为准则是一份跨国文件，旨在确保国际人道主义法律和人权法律适用于在冲突地区运营的私营安保公司。http:// www. icoc-psp.org/

13 蒙特勒文件是瑞士和红十字国际委员会于 2006 年发起的共同倡议的结果。

14 中国较常用的社交媒体平台。

15 2016 年 5 月 18 日，中国微博用户们为在马里牺牲的中国维和部队护卫队员点蜡烛以示悼念。

16 加诸天然气巨头俄罗斯天然气工业股份有限公司和输油管道公司俄罗斯石油运输公司（Transneft）安保部队的限制本来已经放宽了，现在将要被移除。两家公司被允许更多地获得致命武器，并利用武器使用的规则。马克·伽利奥提（Mark Galeotti），《俄罗斯和"弹性力量"：迅速发展的私营安保公司也会成为私营军事公司吗？》（" Russia and 'elastic power': will the burgeoning private security industry lead to private military companies, too?"），https:// inmoscowsshadows.wordpress.com/2013/06/16/russia-and-elasticpower-will-the-burgeoning-private-security-industry-lead-to-private-military-companies-too/

17 俄罗斯刑法禁止组织非法武装团体，禁止训练和支持雇佣兵。刑法第 359 条规定招募、训练、使用雇佣兵以及为之融资，都会受到惩罚。第 208 条规定组织非法武装团体会受到惩罚。

18　俄罗斯安全系统集团军事顾问公司，http://rsb-group.org/about

19　"维克多·布特，俄罗斯人，因为在国际武器走私活动中的主导作用而被人所知，并被人惧怕。他被判处 25 年监禁，这让他免于被判处曼哈顿联邦检察官寻求的终身监禁。"《纽约时报》(*New York Times*)，2012 年 4 月 5 日，http://www.nytimes.com/2012/04/06/nyregion/russian-arms-dealer-is-sentenced-to-25years.html?rref=collection%2Ftimestopic%2FBout%2C%20Viktor&action=click&contentCollection=timestopics&region=stream&module=stream_unit&version=latest&contentPlacement=9&pgtype=collection

20　布特据说与当今俄罗斯情报部门有联系，他的传奇经历启发了 2005 年的电影《战争之王》(*Lord of War*)。出处同上。

21　"公司员工的所作所为并不具有攻击性，而是受到限制的；它允许安排预防措施。根据总指挥部的说法，这样做是支持该国主要武装部队所必需的。私人军事公司俄罗斯安全系统集团由俄罗斯边防局的后备军官——1 名专业军人创立。他在塔吉克斯坦和阿富汗边境获得了丰富的实战和指挥经验。公司的活动严格按照俄罗斯法律和各国法律进行，保护俄罗斯公司的利益。"俄罗斯安全系统集团网站: http://rsb-group.org/about

22　俄罗斯安全系统集团依照以下法律框架运作:
联合国安理会第 1816 号决议
联合国安理会第 1838 号决议
《联合国海洋法公约》(第 105 条)
《联合国宪章》(第 51 条)
《国际红十字与红新月运动章程》。

23　"在 2000 年，哥伦比亚因为绑架而瘫痪。诸如哥伦比亚革命武装力量和规模较小的民族解放军（ELN）这类的游击队组织，在主要高速公路上设置路障，绑架路人。有人因为政治信仰或者财富成为绑架目标，还有人只是碰巧在错误的时间出现在了错误的地点。据报道2000年有3572人被绑架。没人知道还有多少案件没有被报道。"凯亚·古尔尼（Kyra Gurney），《哥伦比亚绑架事件迅速减少的背后因素》（"Behind Colombia's Dramatic Fall in Kidnappings"），2015年1月13日，http://www.insightcrime.org/news-analysis/behind-colombia-dramatic- fall-in-kidnappings

24 根据希斯考克斯集团的保守估计，每年超过5亿美元进了绑架犯罪分子的腰包，大部分在南美洲。

25 2016年在化险咨询（上海）有限公司采访。

26 2015年5月，作者在上海采访欧盟领事馆签证官员。

27 提供绑架勒索特殊保险、情报和支持服务的公司中，处于领先地位的是已经提到的希斯考克斯集团、化险咨询、英特格鲁集团（Integro）、橄榄集团（Olive Group）、尼尔·杨国际公司（NYA International）、宙斯盾公司（Aegis）、斯考克斯有限公司（Seacurus）和泰丰资本（Terra Firma）。

28 "在伊拉克，独行商人或许会支付3000到6000美元保费，而船运公司每年要为在危险地区航行的大型船队支付数百万美元。这意味着，在2006年时市值规模约2.5亿美元，到2011年它翻了一倍。"《经济学人》，《绑架和赎金保险。我是客户……让我离开这里》（"Kidnap and Ransom Insurance. I'm a client … get me out of here."），2013年1月27日。http://www.economist.com/blogs/schumpeter/2013/06/kidnap-and-ransom-insurance

29 法国在萨赫勒地区的战略目标是确保伙伴国家获得自主保障安全的能力。基于全球性的方式（政策、安全和发展），其军事部分由法国陆军通过"新月行动"实施。2014年8月1日，"新月行动"发动。该行动是基于萨赫勒—撒哈拉地带（Sahel-Saharan Band，BSS）国家的伙伴逻辑。行动的优先任务是推动萨赫勒五国集团拨款资助在整个萨赫勒—撒哈拉地带的针对武装团体的作战（GAT）。这种伙伴关系的逻辑构成了"新月行动"与参与马里稳定进程的其他部队保持的关系：联合国马里多层面综合稳定特派团（MINUSMA）、欧盟马里训练任务（EUTM Mali）和马里武装部队（FAMa）。http://www.defense.gouv.fr/operations/sahel/dossier-de-presentation-de-loperation-barkhane/operation-barkhane

30　"博科圣地"成立于 2002 年，当时穆罕默德·尤苏夫在尼日利亚迈杜古里（Maiduguri）开设了一所带伊斯兰学校的宗教综合体，吸引了全国贫困穆斯林家庭的学生。斯坦福大学，武装组织分布图，http://web.stanford.edu/group/mappingmilitants/cgibin/groups/view/553?highlight=boko+haram

31　"Al-Shabaab 在阿拉伯语里的意思是'青年'，'青年党'是为推翻索马里政府而战斗的最大的武装分子组织。"斯坦福大学，武装组织分布图，http://web.stanford.edu/group/mappingmilitants/cgi-bin/groups/view/61

32　"阿布沙耶夫"是分离主义组织，根基在菲律宾南部。该组织想要为菲律宾穆斯林少数民族，即摩洛人建立独立的伊斯兰国家。摩洛人主要居住在菲律宾的棉兰老岛地区。为了实现其目标，阿布沙耶夫进行了几次引人注目的暗杀和爆炸事件，成为菲律宾最暴力的分离主义组织。该组织的许多活动都集中在摩洛人集中的南部的棉兰老岛和苏禄群岛，但阿布沙耶夫不太经常参与菲律宾首都马尼拉的恐怖主义活动。http://web.stanford.edu/group/mappingmilitants/cgibin/groups/view/152

33　路透社，《赛特情报集团："基地"组织首领呼吁绑架更多西方人用来交换俘虏》（"Al Qaeda chief urges kidnappings of Westerners for prisoner swaps: SITE"），2016年 7 月 24 日，http://www.reuters.com/article/us-pakistanalqaeda-idUSKCN1040U1

34　中国外交部发言人华春莹："我觉得该案传递的重要信息是中国和有关国家政府勠力同心，打击跨境犯罪。"英国广播公司，2013 年 3 月 1 日，《中国将湄公河嫌犯处决前游街示众》（"China parades foreign Mekong killers before execution"），http://www.bbc.co.uk/news/world-asiachina-21625905

35　https://na-production.s3.amazonaws.com/documents/ISIS-Files.pdf

36　2013 年，根据联合国毒品和犯罪问题办公室（United Nations Office on Drugs and Crime，UNODC）的估计，阿富汗用于毒品生产的耕地面积达到 20 多万公顷。2015 年底，"伊斯兰国"部队为了从毒品产业获得的数十亿美元利润分一杯羹，并在有争议的杜兰德线（Durand Line）上控制巴基斯坦边境附近的战略区域，占领了楠格哈尔省（Nangarhar）南部。

37　2015 年 5 月，与智库中国现代国际关系研究院（CICIR）讨论。

38　"中国新的反恐法规定人民解放军参与海外反恐任务是合法的。中国人民解放军和武装警察部队可以经中央军委批准，开展此类行动。经过国务院批准和有关国家协议的许可，公安和国家安全部门也可派遣海外人员参加反恐任务。"2015 年 12 月 28 日，新华社，《中国通过反恐法律》（"China passes anti-terror law"），http://www.globaltimes.cn/content/960826.shtml

39　2016 年 11 月 27 日，由上海公共关系协会组织。

40　中参馆（China File）：中国反腐行动信息图，https://www.chinafile.com/infographics/visualizing-chinas-anti-corruptioncampaign

参考文献

Arduino, Alessandro. 2015. Chinese Private Security: A New Paradigm for Private Military and Counter-Terrorism? *Counter Terrorist Magazine.*

Barabanov, Mikhail, Vasiliy Kashin, and Konstantin Makienko. 2012. *Shooting Star China's Military Machine in the 21st Century.* Minneapolis: East View Press.

Briggs, Rachel. 2001. *The Kidnapping Business.* London: The Foreign Policy Centre.

Brooks, Doug. 2002. *Private Military Service Providers: Africa's Welcome Pariahs.* http://www.hoosier84.com/02-00africaswelcomepariahs.pdf. Accessed December 19, 2009.

Campbell, Charlie. 2016. Uighur Extremists Joining ISIS Poses a Security and Economic Headache for China's Xi Jinping. *Time,* July 21. http://time.com/4416585/isis-islamic-state-china-xinjiang-uighur-xi-jinping/. Accessed 2017.

China Daily. 2016. Chinese Public Security University Trains Anti-Terror Specialists. *China Daily,* March 25.

Duchatel, Mathieu. 2016. Terror Overseas: Understanding China's Evolving Counter-Terror Strategy. *European Council on International Relations, ECFR,* December.

Farley, Robert. 2015. Chinese Defense Innovation. Industrial Espionage May Help China's Military-Industrial Complex, But It Will Still Need to Harness Its Private Sector. *The Diplomat,* January 27. Accessed 2016.

Fontanka. 2016. Вагнер в Кремле. *fontanka.ru.* December 12. http://www.fontanka.ru/2016/12/12/064/?utm_source=novapress ... Accessed 2017.

Gallagher, Frank, and John M. Del Vecchio. 2014. *The Bremer Detail: Protecting the Most Threatened Man in the World.* Danbury, CT: Charlie Foxtrot Books.

Gleijeses, Piero. 2002. *Conflicting Missions Havana, Washington, and Africa, 1959–1976.* Chapel Hill: University of North Carolina Press.

Global Times. 2015. A Private Dilemma. Chinese Security Companies Struggle to Find Footing Overseas. *China Global Times,* April 21. Accessed 2016.

Gostev, Aleksandr, and Robert Coalson. 2016. Russia's Paramilitary Mercenaries Emerge from the Shadows. *Radio Free Europe Radio Liberty,* December. http://www.rferl.org/a/russia-paramilitary-mercenaries-emerge-from-theshadows-syria-ukraine/28180321.htm. Accessed 2017.

Hager, Emily B., and Mark Mazzetti. 2015. Emirates Secretly Sends Colombian Mercenaries to Yemen Fight. *New York Times,* November 25. http://www.nytimes.

com/2015/11/26/world/middleeast/emirates-secretly-sends-colombian-mercenaries-to-fight-in-yemen.html?_r=0. Accessed 2017.

Houpt, Daniel. 2012. Assessing China's Response Options to Kidnappings Abroad. *Jamestown China Brief*, May 11. https://jamestown.org/program/assessing-chinas-response-options-to-kidnappings-abroad/. Accessed 2016.

Kramer, Daniel. 2007. Does History Repeat Itself? A Comparative Analysis of Private Military Entities. In *Private Military and Security Companies. Chances, Problems, Pitfalls and Prospects*, ed. Gerhard Kümmel and Thomas Jäer. Wiesbaden: VS Verlag.

Lague, David, and Charlie Zhu. 2012. Insight: China Builds Its Own Military-Industrial Complex. *Reuters*, September 16. http://www.reuters.com/article/us-china-defence-idUSBRE88F0GM20120916. Accessed 2016.

Mazzetti, Mark, and Emily B. Hager. 2011. Secret Desert Force Set Up by Blackwater's Founder. *New York Times*. May 14. http://www.nytimes.com/2011/05/15/world/middleeast/15prince.html. Accessed 2016.

McFate, Sean. 2014. *The Modern Mercenary: Private Armies and What They Mean for World Order*. Oxford: Oxford University Press.

Moore, Mark. 1995. *Creating Public Value*. Cambridge, MA: Harvard University Press.

Page, Jeremy. 2016. Over 100 Chinese Fighters Have Joined Islamic State in Syria Studies come as China Seeks West's Cooperation on Counterterrorism, but Cast Doubt on Some of Beijing's Assertions. *Wall Street Journal*, July 27. http://www.wsj.com/articles/china-terror-claims-bolstered-by-new-evidence-1469435872. Accessed 2017.

Rayment, Sean. 2005. Trophy' Video Exposes Private Security Contractors Shooting Up Iraqi Drivers. *The Telegraph*, November 27. http://www.telegraph.co.uk/news/worldnews/middleeast/iraq/1504161/Trophy-videoexposes-private-security-contractors-shooting-up-Iraqi-. Accessed 2016.

Siebels, Dirk. 2014. International Standards for the Private Security Industry. *RUSI Journal* 159 (5, October).

Spear, Joanna. 2006. *Market Forces. The Political Economy of Private Military Companies*. FAFO.

State Council Information Office of the People's Republic of China. 2015. China's Military Strategy. *SCIO*, May. http://www.scio.gov.cn/zfbps/gfbps/Document/1435340/1435340.htm. Accessed 2016.

Tatlow, Didi Kirsten. 2015. Chinese Debate Proper Response to Hostage's Killing. *The New York Times*, November 19. https://sinosphere.blogs.nytimes.com/2015/11/19/china-hostage-islamic-state-fan-jinghui/?_r=0. Accessed 2017.

The Economist. 2013. Kidnap and Ransom Insurance. I'm a Client ... Get Me Out of Here. *The Economist*, July 27. http://www.economist.com/blogs/schumpeter/2013/06/ kidnap-and-ransom-insurance. Accessed 2015.

Worcester, Maxim. 2014. Putin's Proxy Warfare Strategy. *ISPSW Strategy Series: Focus on Defense and International Security*, Issue No. 282 August.

Xin Hua. 2016a. China Appreciates Cambodia's Support on S. China Sea. *Xinhua Net*, August 8. http://news.xinhuanet.com/english/2016-08/01/c_135553379.htm. Accessed 2017.

———. 2016b. China Strongly Condemns Car Bombing Near Chinese Embassy in Kyrgyzstan. *Xinhua Net*, August 30. http://news.xinhuanet.com/english/2016-08/30/ c_135645520.htm. Accessed 2016.

Xinhua. 2016. Two Dead in Wednesday's Terrorist Attack in Xinjiang: Police. *Xinhua Net*, December 29. http://news.xinhuanet.com/english/2016-12/29/c_135941561.htm. Accessed 2017.

Zenko, Micah. 2015. The Unknown Soldiers of Afghanistan and Iraq. *Foreign Policy*, May 29. http://foreignpolicy.com/2015/05/29/the-new-unknown-soldiers-of-afghanistan-and-iraq/. Accessed 2017.

第五章

结　论

摘要   后冷战时期的安全真空，表现为对雇佣兵和私营军事服务
愈发增长的需求。跨国公司需要在国际上保护其自然资源、
采掘项目以及其他范围更广的活动，私营安保公司产业的
演进一直受这些需求推动。

美国私营安保公司黑水公司在伊拉克和阿富汗的激进战术，
为其招致批判和嘲讽；然而，与此同时，这些战术又被黑
水公司所护送的政府官员和平民称赞。北京的安全圈正在
积极探讨黑水模式和中国安全需求之间的相容性。中国私
营安保公司正在从中国固定警卫的简单模式向现代国际安
全供应商演变。

关键词   一带一路·私营安保公司·"中国特色"的安全·一带一路
安全·一带一路威胁

一、中国私营安保公司：又一个黑水公司？

> 在伊拉克，战后蓬勃发展的生意不是石油，而是安保。［詹姆斯·海德尔（James Hider），《时代》杂志］

后冷战时代的自由世界秩序正在衰退，国际政治和经济体系走入未知领域。

不确定性在推高跨国公司的运营成本，同时拉低外商直接投资的利润。"一带一路"倡议路线图将新的贸易路线连接起来，在整合成一体的国际市场上推广中国的双赢叙事。通常当中国参与到双赢叙事中时，"双赢"意味着中国的目标是赢两次。在这种情况下，"一带一路"中那些相当雄心勃勃的项目，一旦成功，不仅可以支撑中国过剩产能的输出，还能

通过创造共同利益，支持全球经济体系。"一带一路"沿线的
新边界是流动的，私营安保公司将会在保卫它们的工作中发
挥战略作用。

"9·11"之后，美国政府在介入伊拉克和阿富汗时，选
择较多依靠承包商提供安全服务。2007 年，美国陆军在伊拉
克部署士兵 16 万，来自 100 多个国家的 630 家承包商的 18
万私营雇员为他们提供支持。根据"战争成本"[1]报告，至
2015 年初，美军在两场战争中有超过 6800 人阵亡。在同样
的时间段，承包商雇员阵亡人数超过 6900。对于死去的非现
役人员，美国政府问责局和国防部没有提供准确数字；因此，
可以推测上述数据并没有反映问题的严重程度。

在伊拉克和阿富汗冲突最激烈的阶段，数个私营安保公
司从其与美国政府签订的价值数十亿美元的合同中获利。这
些公司包括哈利伯顿（提供各种服务）、戴阳公司（维稳、安
保）和帕森斯（Parsons，基建）。还有一些其他的公司，不得
不瓜分利润更低的合同，同时为对平民无差别使用武力而背
负全部责任。在冲突高峰期，美国国防部部长拉姆斯菲尔德
（Donald Rumsfeld）扩大对美国政府军事和法律支持的私有
化，并授予承包商免于当地法律管辖的豁免权。承包商的豁

免权——通常由战争法赋予军队人员——在私人武装市场中造成一种特殊的异常情况，并因此提升了滥用武力的风险。[2]

在维稳行动的高峰阶段，政府人员和承包商合同工的比例达到1:1.3，承包商占多数。英国政府雇用的合同工是部署的英军士兵数量的3倍，但此事宣传较少。

美国私营安保公司黑水公司得以吸引大部分的指责，品牌保持高调；现在公司通常与"臭名昭著"一词联系在一起。[3] 在"巴格达血腥周日"的悲剧中，黑水人员的胡作非为达到顶峰。2007年9月，一队黑水公司的装甲车进入巴格达拥挤的尼苏尔广场。公司的雇员察觉到威胁，向平民车辆开枪，造成17人死亡，至少20人受伤。2007年10月，尼苏尔广场遇害者的亲属在美国联邦法庭起诉黑水公司犯有法外杀戮和战争罪（《纽约时报》，2014年）。7年后，联邦地区法院陪审团发现，枪击事件中17名伊拉克人死亡是犯罪行为，而非应对威胁的自卫行为的结果。

黑水公司的激进战术招来了批判和嘲讽，但同时被他们所护送的政府官员和平民称赞。如果没有黑水公司的支持，伊拉克的重建工作无法开展，民事机构无法运作。在上文提到的法庭听证会中这一点被多次强调。毕竟，"黑水公司在工作时从未有客户死亡"这句广告语，依然在北京安保机构之间被正面传扬。

虽然在解救身陷困境的陆战队同僚时（普林斯，2008年），黑水公司人员表现英勇，但是他们的暴力行径和对伊拉克法律的公然违反，一直在给他们赢得伊拉克民心的努力拖后腿。针对尼苏尔大屠杀的第一次国会调查认为，根据美国法律，私人合同工不用为他们的行径负责。然而，联邦调查局（Federal Bureau of Investigation，FBI）后来调查发现在尼苏尔广场事件中，有几处枪击是没有正当理由的。有好几次，黑水公司对平民无缘无故地使用暴力，而又不受惩罚，比如先前某个事件，一位伊拉克官员的保镖被黑水公司的一名醉酒雇员枪杀，这样的事件危及了美国军方同伊拉克政府、人民之间的关系。与此同时，私营安保公司整体的表现，让美国的平叛维稳行动的形象看起来更加负面，同时增加了报复性袭击发生的可能性。

在伊拉克战争和接下来的平叛维稳的尝试中，政府合同资金滚滚而来，把私人武装市场淹没了。黑水公司快速扩张，这导致其从多个国家雇用了成千上万的员工，也预示了中国私营安保公司的大幅成长中可能遭遇的风险。正如凤凰智库报告中已经提及的，太过激进的扩张不会推动中国私人安保市场的稳定增长。没有合适的管控和审计系统，不专业的私营安保公司员工，可能甚至有犯罪前科的人员，会充斥私营安保公司的队伍，产生的问题多于解决的办法。不负责任的承包商工作在法律边缘，不仅可能危害平民，还可能作奸犯科，比如从事非法武器交易。黑水公司曾涉及此类违法行为，因违反出口管制[4]，被美国政府罚款200万美元。

黑水公司在巴格达的事业结束了，在伊拉克对安全的迫切需求驱使美国国防部选择下一家私营安保公司。虽然安保公司所扮演角色的改变符合预期，但形势的紧迫只会让主要客户们去武装市场中选择下一家。尽管伊拉克政府明令禁止所有的国际私营安保公司，但美国的三叶丛林公司将黑水公司（当时已经改名叫Xe公司）在伊拉克的合同接手了。2003年，美军前特种部队成员在芝加哥创立三叶丛林[5]，该公司与戴阳公司、黑水公司一道，在伊拉克安保供应商中占据领先地位。三叶丛林在全球的办事处提供针对绑架和勒索的保护，甚至还提供商业情报。与此同时，公司在全球的足迹让它得以招募南美和中美的私人安保人员去伊拉克和阿富汗做固定警卫，价格仅为其北美同行的一小部分。对在伊拉克的西方安保人员的采访[6]证实，美国国务院（同黑水公司）的合同一终止，许多黑水公司的承包雇员就迁移去了三叶丛林公司。有几位黑水公司的员工动作迅速，第二天就去了三叶丛林。

美国政府的委员会随即就与三叶丛林公司签订合同的"第三世界国家"员工的素质，对公司展开核查。委员会的调查结果强调了好几个问题，包括雇用未经训练的乌干达籍人员来保护美国大使馆。到2014年，三叶丛林公司已经被康斯泰集团收购，而这家公司又拥有阿卡德米公司（前黑水公司）。

> 美国的临时承包商、投机主义的劳务掮客和国际犯罪组织，利用人员、资金、物资和服务轻易流动的便利，并从中牟利。他们的所作所为让美国蒙羞，阻碍良好外交关系的建立。[7]

虽然承包商通常被视为"用完即扔"的，但在这个特殊情况下，它们与美国国防部和国务院之间的直接联系让美国政府没有否认的可能性。黑水公司和私营安保公司引发的回火，在整体上很大程度地损害了（美国）改善战争局面的努力。与他们的美国同行相比，俄罗斯的私营安保公司让俄联邦政府在一开始参与叙利亚冲突的时候，有更多的进行否认的空间。今日，中国私营安保公司提供的否认空间仍然有待商榷。与部队有过联系的中国私营安保公司人员，已经让人怀疑政府有隐藏计划，甚至在北京安保部门羽翼下有在境外运行的平行安保体系[8]被人怀疑。虽然现实和想象中的仍然很不一样，但是解放军军官伪装成私人安保公司员工潜伏下来，这种印象会持续很长时间。

埃里克·普林斯让黑水公司从一个射击场在几年时间内发展成价值数十上百亿美元的大部队。在公司扩张的鼎盛时期，黑水的雇员们甚至可以仰仗他们自己的武装空中支援。"9·11"之后，黑水的经营范围呈几何级数增长，公司的盈利也节节攀升。黑水公司的客户越来越多，包括美国国务院的海外安保，甚至美国中央情报局。[9]在1998年，公司的利润不到40万美元，到了2006年，美国国务院非招标合同带来的总利润超过10亿美元。中国的私营安保公司以同样的增长趋势为目标，援引黑水模式作为成功和盈利的典范，考虑到尽管有罚款和调查，黑水公司依然持续从美国国务院和中情局赢得合同的事实。与此同时，北京安全圈子内部的一些中国学者已经在强调黑水模式同中国的安全需求不相匹配。黑水公司行事高调，并不符合邓小平常说的"韬光养晦"，[10] 几代中共官员和解放军的战略原则依此制定。

其他比黑水这个新来者历史更悠久的国际私营安保公司，比如戴阳公司或者三叶丛林公司，则让自己的名声严格限制在私营安保公司和军事圈子里。黑水公司的高调路线吸引了潜在的客户，同时也引来了国际媒体的关注。尼苏尔广场大屠杀和其他事件之后，公司虚张声势的声明，重新唤起历史上人们对"雇佣兵习气"的反感。白人雇佣兵在非洲战斗还不受惩罚的画面，唤起了人们对发战争财的人和暴力产业的集体记忆。中国私营安保公司的行为距离这个模式还有很远，而且中国政府已经清楚地意识到了名声太坏所能导致的可能的负面后果。就在最近，在非洲和中亚的一些事件浮出水面。在这些事件中，中国经理们用他们在本地得到的武器射击当地劳工人群，或乃至在工作环境引发的争端中被杀。[11] 但无论如何，北京安全圈子中依然有人被黑水公司的硬汉气概所吸引。

黑水公司被反复出售，名字从 Xe 改成阿卡德米。同时，普林斯先生得以训练新的私营安保公司，支持沙特军事力量。普林斯同中国的合作始于香港的先丰服务集团，该公司在香港和北京设有办事处，并且为中国的金融集团公司中信集团给予支持。直到 2016 年 12 月，公司放在他们网站上做广告的业务愿景，还是有关提供先进的物流服务，尤以苏丹和其他非洲国家为例。先丰集团的分析师和普林斯本人参加过中国智库的会议，这些会议有关私营安保公司在保护"一带一路"的作用。在 2016 年末，先丰集团的网站声明突然改变，着重介绍公司如何准备就绪，以在"一带一路"沿线支持非武装中国安保人员的训练。与此同时，托姐姐贝齐·德沃斯（Betsy DeVos）被提名为特朗普政府新任教育部长的福，普林斯重新回到公众视野［萨希尔（Scahil），2017 年］。普林斯在中国的作用所引发的疑问，在于他涉嫌转移军事技术来支持解放军增强能力（《华盛顿时报》，2016 年）。

对于中国政府来说，中国非武装私营安保公司人员训练营，同在中国以外提供武装训练课程一样，都是新事物。某些媒体报道称，先丰集团在中国大陆开设两处训练营的提议是常见的商业趋势，2014 年以来数家国际和本地的私营安保公司都在尝试开发。先丰集团的网站声明里有云南省和新疆维吾尔自治区，作为两处在中国运营训练设施的优先选择地区。与此同时，选择新疆维吾尔自治区可能会让一些人惊讶，因为这里是针对被察觉到的分裂分子威胁的中国主要反恐活动的中心。此外，云南省是中国遏制从新疆到泰国疑似恐怖分子路线的前线，而且云南省位于中国禁止源于西南边境的毒品贸易斗争的中心。

直到最近，先丰集团还宣称是后勤公司，这一点与公司公布的新的商业模式矛盾，新的商业模式反映出普林斯的主要能力范围。根据先丰集团的新闻发布会，为了"帮助客户利用中国'一带一路'倡议获利，先丰集团会提供训练、通讯、风险消除、风险评估、信息收集、空运救护和协调安全、后勤和航空的联合行动中心"。一个合理的问题是，该商业模式的下一次变化，是否会涉及先丰集团直接介入中国政府的武装安保措施。

普林斯在《华尔街日报》发布的评论（普林斯，2017年），为阿富汗难题开出5点药方，暗示了他将要回归"白宫恩典"。普林斯劝告美国总统特朗普避免太多人挤在一起而七嘴八舌、相互掣肘，提出由一位总督来集中所有的行动决策。

　　特朗普总统是时候从5个方面修正我们在阿富汗的路线了。第一，他应该将阿富汗的权力集中于一人：一名美国总督，将会领导所有的美国和盟友的行动——包括指挥、预算、政策、晋升、外包——而且直接向总统汇报工作。（普林斯，2017 年）

虽然普林斯对阿富汗困境的分析显示出他对当地先前和现在局势的深刻理解，然而他提议的解决之道——现代的东印度公司，走私人军事安保路线——忽视了太多的变量。不过无论如何，如果美国不会打总督牌，那么来自北京的机遇依旧诱人。

二、新的战争，新的生意

在武装市场上，从业人员主要担心的是他们受雇使自己日常身处火线。这就是说，承包商雇员们要求高工资的依据与日常风险有关。马基雅维利对雇佣兵最大的诟病跟他们不愿以身犯险，甚至在战势转变时倒戈的态度有关。网络战和使用无人载具（unmanned aerial vehicles，UAVs）且大部分是武装无人机的远程战争已经改变这一趋势。互联网的到来简化了武装市场中对武装的召唤集结，通过诸如 www.shooterjobs.com 一类的网站 [12]，这类网站给合格的合同雇员开工资，年薪范围 15 万美元。新的战争范式让雇员的梦想成真，也就是在家里的沙发上就可以提供安全服务。几家公司已经在投标，用空中无人机监控完善中国工人驻地的安全保护伞。支援安全服务的范围从小型无人机到专业的小型飞艇和长距离空中远程监控。[13]。

　　自从远程遥控无人载具的应用愈发广泛并随时现成可用之后，私营安保公司为军队，或者在不稳定地区为保障油田边界安全而使用武装无人机，就变得司空见惯了。无人机的私人市场大多涉及航拍、农业、房地产空中调查和公共设施检验。无论如何，在武装市场中，安全监控作为一个机会正在兴起。从军事方面来说，无人机战争已经在私人化，无人机视频分析、导航和通讯正在稳步地转移到私营部门。跟私营安保公司复兴的情况一样，美国武装部队带头雇用有无人机操作能力的私营公司。越来越多的报告显示美军部队让越来越多的承包商来执行侦察任务，甚至执行致命的无人机攻击。因为让平民介入杀戮命令指挥链，"无人机雇佣兵"已经在军事圈子里引发紧张情绪。在阿富汗战争期间，德国军队引领维和行动，超过

1.5 万小时的使用以色列产无人机 [14] 的飞行任务被外包给了加拿大私营公司凯希典公司（Cassidian）。[15]

> 先前没有上报的美国空军数据显示，去年在阿富汗，无人机首次比常规飞机发射更多弹药，而且比例还在上升，凸显出军方已经变得多么依赖无人机。（史密斯，2016 年）

无论如何，私人公司所发挥的情报收集和侦察的作用依然可疑，而且在法律的边缘徘徊。侦察功能本身，虽然与无人机发射空对地导弹没有直接关系，但也有可能危及被监控的人群，导致情报误用和附带损伤。

美国在伊拉克和阿富汗对私营安保公司的依赖已经增加军队对无人机承包商的产业化需求，而从中国一方来说，越来越多的中国企业生产的民用无人机有助于让本地公司有能力提供无人机服务。

附加无人机能力的私营安保公司，已经在武装市场中凿出一块利基市场。"一带一路"沿线中国国有企业对无人机的需求，包括侦察威胁、自然灾害时的搜索和营救任务。此外，有无人机能力的私营安保公司所确保的市场效率，跟每次使用的费用有关。国有企业，或者它们的主要私营安保公司，不必负担在闲置时间维持无人机队和相关的领航员、分析员的成本，因为这类责任落在利基市场中的无人机私营安保公司手中。随着无人机技术变得愈发复杂，愈发普及，费用可负担得起，我们可能预见带着具备空中、地面和海上能力的无人载具的中国的私营安保公司以更快的速度发展。

三、中国的私营安保：从遵循规矩者到制定规矩者

> 修墙搭桥：有效的安保管理是一个范围，围墙、警报和守卫在一头，对话在另外一头。事实上大部分的项目需要物理安保和对话相结合来解决安全问题。（汉弗莱，2017 年）

中国作为新兴国家的角色，已经让这个国家在国际贸易规则中的位置发生改变，从遵循规矩者（rule-taker），到制定规矩者（rule-maker）。

来自任何国际组织的明确的、可执行的国际规范都缺乏不确定性，让中国得以在不断增长的私营安保公司领域发挥有价值的影响。中国特色的安保市场规模将会影响国际行为规则，而这些规则已经开始从西方转向东方。然而，美国在雇用私营安保公司中所扮演的领导角色，不会在一夜之间消逝。虽然美国在中东和南亚的驻军正在减少，但新的远程战争重新推升了对承包商的需求。无论如何，新的私营安保公司法律框架不得不考虑中国作为新兴力量所主张的新角色和责任，以及美国在武装市场中已经达到的成熟的、领导性的角色。虽然中国的经济实力和基建无人能及，但中国国家和私人安保领域的完全成熟在未来短期内尚不可见。

欧盟虽然经济下滑、自我隔离，其规训力量和政策引导依然对中国发挥作用。中国、美国、欧盟和俄罗斯的多边合作对武装安保市场形成的监管，不仅会为中国的私营安保公司提供有效的政策工具和管控机制，而且可以缓和中国过于独断的形象。

目前关于武装市场的文献，将私营安保公司呈现为美国军队在不同作战区域保持势头的必要条件［施瓦茨（Schwartz），2009年］。而与此同时，其他的外国政府以及国际组织包括联合国在危险区域愈发依赖私营安保公司。

利用有武装能力的承包商已经引发一连串的担忧，这将会影响中国在雇用私营安保公司时如何行事。自美国经验而来的各种问题，尚未被中国政府直接关注，但是"一带一路"沿线的事故将会迫使现实检查突然发生。中国政府对私营安保公司恰当的监管是推进强化问责和提高透明度的关键，也是避免涉及武力过度使用事故的关键。与此同时，强调某个经常被忽视的因素即私营安保公司业务的商业本质，也很重要。"一带一路"吸引了越来越多的私营安保公司，而某些资金不足的领域仍将缺乏安全保障。中国私营安保公司之间的竞争将会在资金上重要的领域激烈展开，从能源类国企的油气领域，到铁路和高速公路建设计划，一直到资金级别更低的项目。对于跟在"一带一路"大项目后面争夺面包渣的中国私营安保公司来说，这一点尤其适用。通常这类小型到中型公司在中国境外冒险时是作为次级承包商跟着国有企业。它们用于私人安保以及风险管理和威胁分析的预算少到几乎没有。在这里，中国政府提供安保的意愿是否充足，以及一旦危机降临，外交部是否将会被留下独自行动，还有待观察。

中国政府可以考察和利用现有的研究结果和政策建议，

而不是另起炉灶（reinventing the wheel）。这项工作可以从研究两项最新的国家立法和国际项目开始——2015年美国众议院版《国防授权法案》和国际行为准则协会。《国防授权法案》打算加强美国国防部对在非洲、中东和南亚的私营安保公司的管理和监督。这些政策研究的成果需要与中国的有效需求在文化上进行适当匹配，但数据却是无价之宝，有利于在未来避免犯下代价高昂的错误。同时，国际行为准则协会广阔的国际触角——包括在瑞士的国际红十字会——为中国提供了填补国内规则和国际规则空白的手段。与联合国以及上海合作组织这类区域平台更加广泛的整合将会有利于提升效率，同时遏制私营安保公司的恶劣行为，减少其他负面影响。

强化法律遵守，加强法律概述和法律规制，是让中国在安保市场中成为规则制定者，而免于消极被动的重要一步。

中国将在市场引入的强制监管的新法律框架，需要避免被利益集团"监管俘获"（regulatory capture）。中国在私营安保公司领域不断增长的影响力，导致中国自己规范自己；如果监守自盗，监管机构会被本应被管制的国内和国际组织"俘获"。

相应地还有一步，在认知管理和风险管理方面中国政府需要深刻变革。大部分关于"一带一路"安全需求的分析变得越来越复杂，但是内部错误不断，而且被认为是静止地看待风险。对风险和威胁的正确评价，需要对风险演变的持续观察。

中国的"一带一路"沿线项目受到风险随时间演变的影响，而且好几个风险变量会被中国项目的进展激发。在中亚国家，如哈萨克斯坦，现实政治风险与总统、年老的"国父"纳赛尔巴耶夫（Nursultan Nazarbayev）有关。该区域突然的政府变动可能会让不稳定扩散，新政府可能会给中国在当地的存在突然造成负面压力。而且政治风险还包括中央政府和地方政府之间的分歧。对中国资金的竞争或许会把中国政府拉入当地的政治斗争中，让中国工人陷入危险，给项目的财务可行性增加压力。

以第三章中提及的中巴经济走廊为例，对中国资金分配的竞争已经出现。对当地基层的关注甚至会一直延伸到村一级。在国家、地区、当地基层（national，regional and local）这 3 个级别中的每一级别，人民币的突然注入激发的活力既制造了赢家，也制造了输家。

在更加广泛的政治层面，与中国结盟或许有助于政治前途以及聚集政府支持，但这可能会在相邻国家间引发竞争，这些国家对中国愈发增长的经济实力和影响力有所察觉并加以关注。比如，中国对伊斯兰堡的支持已经激起印度的愤怒。印度认为中国在控制印度洋，这种看法已经改变了当地的安全势态。在地区一级，风险的演变与本地政治和社会势态交织在一起，而在项目的规划阶段，本地政治与社会势态容易被错误地忽略或低估。然而，大部分"一带一路"基建项目还包括征地与申报，中央政府启动的征地工作通常导以引发公众对中国公司的抗议和不满告终。在基层，对风险演变的常规监控虽然必要，却经常被忽视。中国国企将日常需求转包给当地工人和供应商，这仅对一小部分当地村民有好处，却在"中国淘金热"中空手而归的人则会产生不满。同时，中国工人的行为，比如在穆斯林国家喝酒，可能会在当地导致冲突，有可能表现为抗议，并导致项目计划延期。

四、中国梦会是安全梦吗？

对于定义私营安保公司是什么，安保私有化是否为解决之道，或者仅仅是问题的另外一面，已经着墨甚多。即使历史和文化环境不同，雇佣兵的角色也经常在不可缺少和用完即扔之间变换。中国的私营安保公司——会发展、衰落——不会逃出传统范式。

后冷战时期安全真空的特点是对雇佣兵和私营军事服务愈发增长的需求。私营安保公司的演变，由跨国公司在国际上保护他们的自然资源采掘项目和全球更广泛活动的需求推动。

此外，那些离开了外部武装支持就无法稳定国家的政府，也使得对私人安保的需求增加。在1990年代，安保市场连续转变，表现为工业化国家雇用私人承包商，在各战区把军队的非核心功能私有化。"9·11"事件后，私人承包安保力量对反恐战争的支持走向顶峰。如今，"一带一路"倡议于2013年兴起，由中国国企牵头，为新的安保市场注入新的需求。新的参与者包括一系列承包商，从采用企业结构的国际私营安保公司——这类公司更加接近跨国公司，而不是1990年代之前的私人军队——到越来越多的有国际雄心的中国私营安保公司。中国私营安保公司的成长，与在美国带来的冲突中由国际私营安保公司扮演的有争议的角色产生共鸣。

"一带一路"的安全需求激发了中国私营安保公司走向成

熟的自然选择进程。与此同时，保护中国的基础设施和海外
国民，可能只是具有"中国特色"的安保私营化更大趋势的
开始。

虽然中国的私营安保公司在中国对"热点地区"的第一
波直接投资中被边缘化，它们所发挥的作用仍会伴随针对中
国海外直接利益的威胁而增加。中国私营安保公司从以往固
定警卫的简单模式，到现代化国际安全供应商的转变已经在
进行。恐怖分子的威胁、罪犯的敲诈勒索和政治暴力交织在
一起，再加上中国国企安全预算的增加，已然在催化这场变
革。与此同时，更成熟的国内保险安全部门将支持中国安保
市场专业化程度的提升。

为财富而战的安保人员，现在是复杂的企业体系的一部
分，通过为中国工人和基础设施提供安全保障，而在"一带
一路"沿线支持中国企业。今天的私人安全市场，乍看之下
会让人相信，与私营安保公司对伊拉克和阿富汗冲突的参与
相比，私人需求安保服务的质量和数量在下降；然而，事实
并非如此。"一带一路"在当今国际市场对安全的"全球"需
求会带来利润丰厚的合同，以及对有跨国情报收集、风险分
析和危机管理能力的高级私营安保公司的需求。具有中国特

色的私营安保公司不会在未来战场的前线，而是更可能会占据在国家提供安保和保护中国海外经济利益保护之间的利基市场。与所有的行业一样，当代安保市场的主要驱动力是利润，中国政府对这意味着什么非常了解。

上文提及的国家垄断安保私营化的 3 个宏观趋势，是最近几十年的特点。此外，因为混合形式的雇佣兵和私人武装公司同现代私营安保公司并存，每个趋势都不能被看成同过去完全的决裂。从 1970 年代到新世纪初，武力供应的私有化演变，让国家垄断暴力稳步朝私营部门控制转变。然而有一点没有变：在私营安保公司运作的国家存在广泛的不满。

如今，中国正在对私人安保服务的要求进行最新的变革。中国的海外经济雄心，以及国民遍布世界的事实——大概 200 万留学生，600 万华侨和数百万中国工人在海外——给中央政府和外交部带来保护中国的海外利益的压力。同时，中国的经济实力发生转变，从之前私营安保公司作为军队的支持，到作为支持国企的一分子。但无论如何，从过去对私营安保公司的运用从所犯错误中吸取的教训，可以用来防止不必要的悲剧发生。新的规则必须执行，从可在国内实施的中国证照机制，到有司法管辖权和执行能力的国际监督组织，以防止诸如"巴格达血腥周日"这类的灾难发生。

虽然中国武装市场依然不正规,而且急需提高效率,但仍可能预见这个领域在几年内的整合。"一带一路"沿线风险的严重程度,将会推动暴露于外部威胁之下的中国私营安保公司之间的自然选择。近似的例子是在1990年代发展过快的中国钢铁产业。房地产和工业领域对钢铁的高需求,是中国国内生产总值20年极快增长的特征。随着后来对钢铁的需求减少,中国政府推动了该行业的全面整合。国有企业集团吞并了较小的钢铁厂,一边重拾效率和竞争力,同时避免产能过剩和分散。这种自然选择不是留给"市场的看不见的手",而是由中央政府五年经济发展计划主导。合并私营安保公司的类似需求,在目前有必要。中国私人安保市场整合的目的不仅是同国际私营安保公司竞争,大部分程度上还是提供必要的服务,这些服务将使"一带一路"能够实现对中国"新常态"经济软着陆承诺的支持。此时,中国安保市场是封闭的,而且同国际私营安保公司的竞争,也不是该领域改革唯一的催化因素。中国的私营安保公司尚未感受到国际同僚的竞争压力,因为中国的监管为本土的服务供应商挡住了任何来自外部的真正竞争。

对于众多国企来说，中央政府是单一垄断型客户，其并不允许公开透明的竞争，特别是当提供的服务与国家安全导向相重合的时候。在这种情况下，有知识储备和经验丰富的人力资源的国际私营安保公司会与中国的同行签订合同。因此，同国际私营安保公司的合作会被允许，直到转移智力资本的需求得到满足。

"一带一路"安全市场的一大直接风险，是在几个国家由当地民兵和以低于市场价格提供服务的非专业私营安保公司提供的廉价选择。直到2017年，中国高级企业才开始意识到合格的安保公司的重要性。在"成本 vs. 提供的服务"方面，固定式安全服务的内部市场是逐底竞争，而这已经让与不合标准的本地私营安保公司签订合同的企业收入减少。

对安保市场缺乏适当的知识、对风险缺少经济评估的中国国企，倾向于选择可选项中最便宜的那个。定价信息的不对称是个问题，大部分的中国国企仍然无法领会。仅仅关注安保服务的价格，而不关注服务的品质，依然是争夺单薄的利润空间的国企经理的常见错误。目前详细规范和绩效监督体系的缺乏也助长了这一情况。而且，恰当能力筛选的缺乏，以及向中央政府反馈的缺失，让不诚实的商家把他们自己宣传成合格的安保服务供应商。外国人或中国人自称前特种部队或情报人员以便获得训练合同，甚至更糟的是，在缺乏必要知识和能力的情况下提供国际支持。在北京的私人安保圈子里，这种现象并不鲜见。

1990 年代私营安保公司惊人的成长步伐，再次引起人们对每年 1000 亿到 1500 亿美元全球利润的流向的兴趣和关注。在过去 50 年中，国家对暴力垄断私有化，已经从积极发挥战斗作用转变为支持军队和反恐行动。在这段时间，对私营安保公司的雇用侵犯了人权，无差别地使用暴力，非法贩运武器。另一方面，支持雇用私营安保公司的人，强调安保公司在孱弱到无力为自己提供安保服务的国家维护稳定所发挥的作用，或者强调它经济上划算，以及市场的效率。不管这些针锋相对的说法，在"一带一路"沿线提供私人安保服务，必须考虑过去的错误，以便防止历史重演。

带有中国特色的私营安保公司仅仅关注建设工地、工业生产设施和整体"一带一路"后勤服务的安保。中国私营安保公司可以用来对外部威胁做出反应的暴力级别依旧有限，而且与当地法律法规息息相关。

如今，美国的战争方式已经展示出私营安保公司的正面

保卫新丝绸之路

和负面效果，从外包节省成本，到对战略努力的长期破坏。新世纪的私人佣兵并没有回答数世纪的老旧问题：非国家行为体怎样使用武力才是合适的。"一带一路"的安全叙事会经历同样的问题，当对中国资产逐步升级的暴力威胁，让防御性安保和先发制人打击之间的界限变得模糊之时。同时，参与"一带一路"的多个利益相关方，也会从中国的蓝图偏离，或引发这种偏离。各有想法的国企和中国私营安保公司，如果不与中央政府的长期战略保持一致，或许会引发无法预料的危机。

现有私人武装市场的固有问题是缺乏透明度，无法被问责，与已经建立的指挥体系割裂。中国的私营安保公司是否会有自己的对外政策，虽然这一点本不是问题，但是这些公司对政府无可争议的忠诚可不是理所当然的。

中国私营安保公司对政府的忠诚受到几个因素的影响：具体而言，是中国企业结构不透明，企业与国企的关系不透明。私营安保公司和客户之间的关系难以追踪，而且当涉及国家机密时，几乎无法确定责任。即使到现在，黑水公司与中情局（作为外部服务供应方）的关系依然被国家机密掩盖。

关于私营安保公司合法性永不终结的故事，不会随着中

284

国的参与而画上句号。无论如何，有关安保市场的争论，必须致力于实行严格的规制和审计体系，包括多边合作和执行机制。中国"社会主义市场经济"的做法会激励最好的行为，同时惩罚不端之举。而与此同时，当中国的国家利益与国际共识不一致，规制体系将会受到来自主要利益相关方的压力。

对于那些低估"一带一路"沿线风险和威胁的人来说，看法与现实之间的不匹配会尤其残酷。

注　释

1　"战争费用项目团队由 35 名学者、法律专家、人权活动者和医生组成，从 2011
　　年开始工作。我们用研究和公开的网站来帮助关于后'9·11'时期伊拉克和
　　阿富汗战争，以及巴基斯坦和叙利亚相关冲突的费用的辩论。美国决定使用军
　　事力量对'9·11'袭击做出反应，其中有许多隐藏或者没有公开承认的花费。
　　我们通过尽可能充分地说明其人力、经济和政治成本来促进对这些战争的民主
　　讨论，以及让公共政策更加明智。"华生国际和公共事务机构: http://watson.
　　brown.edu/costsofwar/costs/human/military/killed

2　保罗·布雷默，美国前任驻伊拉克大使，雇用黑水公司员工为自己做贴身安保。
　　"根据布雷默的命令，在伊拉克的 170 个承包商享有对起诉的豁免权。伊拉克
　　不能起诉它们; 事实上，美国有关部门从未因为犯罪起诉过 1 名承包商雇员。"
　　杰里米·萨希尔 (Jeremy Scahill)，《黑水公司: 世界上最有权势的雇佣兵的崛
　　起》(*Blackwater. The Rise of the World's Most Powerful Mercenary Army*)，国家
　　图书出版社，2007 年。

3　同上。

4　"据熟悉交易的公司和政府官员称，违规行为包括非法向阿富汗出口武
　　器，未经授权提议在南苏丹训练部队，以及向中国台湾警察提供狙击训
　　练。"詹姆斯·莱森 (James Risen)，《黑水公司就违反美国出口管制达成协议》
　　("Blackwater Reaches Deal on v.s. Export Violations")，《纽约时报》，2010 年 8 月
　　20 日，http://www.nytimes.com/2010/08/21/world/21blackwater.html

5　"三叶丛林公司提供全面的计划管理解决方案，以便在全球高风险和复杂环境
　　中，支持政府部门和国际企业。我方人员给每个挑战带来专业知识和经验的动
　　态组合——提供长期的、高性价比的项目，为符合客户需求特殊定制。"三叶
　　丛林公司的陈述和官方网站: http://www.triplecanopy.com/about-us/company/

6　对曾在伊拉克的前任私人安保公司雇员进行采访，现在上海为中国私人安保公

司提供训练（2014 年 5 月）。

7　　"转换战时订立合同的控制成本，减少风险"，国会调查结果的最终报告，立法
　　和政策变化推荐；战时伊拉克和阿富汗合同订立委员会。2011 年 8 月，报告
　　在线可见：https://cybercemetery.unt.edu/archive/cwc/20110929213820/http://www.
　　wartimecontracting.gov/docs/CWC_FinalReport-lowres.pdf

8　　"他们和军方是一体两面。"查尔斯·科洛弗（Charles Clover），《中国私人安保
　　公司走向世界，北京的安保产业在世界上最危险的地方看护工人》（"Chinese
　　private security companies go global Beijing's protection industry looks afft er wokers
　　in the most dangerous places"），《金融时报》，2017 年 2 月 26 日，https://www.
　　ft.com/content/2a1ce1c8-fa7c-11e6-9516-2d969e0d3b65

9　　"6 月，国务院与黑水公司签订价值 1.2 亿美元的合同，为本部门在阿富汗的
　　地区办公室提供安保服务，同时中情局为了保护喀布尔站与黑水公司签订了
　　1 亿美元的安保合同。"詹姆斯·莱森，《黑水公司就违反美国出口管制达成协
　　议》，《纽约时报》，2010 年 8 月 20 日，http://www.nytimes.com/2010/08/21/
　　world/21blackwater.html

10　韬光养晦："由邓小平提出，他自己的表述是'冷静观察、稳住阵脚、沉着应
　　付、韬光养晦、善于守拙、决不当头'。但是某些外国人将之解读为主张就中
　　国真正的实力进行'欺骗'。赵启正坚称'守拙'不是欺诈，是对某种特殊做
　　法的描述。但是其他的'学者'指出在经典文献中，这个表达被用来指代战
　　略诡计。"《环球时报》，2011 年 6 月 15 日，http://www.globaltimes.cn/content/
　　661734.shtml

11　"2010 年，赞比亚警方起诉了两名科伦煤矿的中国监管人员。在一起工资纠纷
　　中，他们两人开枪并打伤了 13 名矿工。"安德鲁·英格兰（Andrew England），
　　《赞比亚工人罢工杀死中国监工》（"Zambian strikers kill Chinese supervisor"），
　　《金融时报》，2010 年 8 月 5 日，https://www.ft.com/content/6967bc22-df24-11e1-
　　b615-00144feab49a

12 shooterjobs.com 网站针对本地武装安保和执法部门，就海外高风险合同工作打广告。"我们没有行政工作，仅有的岗位要求以前有从军或者执法部门工作经历。"

13 有关中国在埃塞俄比亚欧加登盆地（Ogaden）的管道建设无人机侦察和无人机安全巡逻的文件，由当地私人安保公司于 2016 年 9 月提供给作者。

14 莱茵金属机载系统公司（Rheinmetall Airborne Systems GmbH），是凯希典公司和莱茵金属的合资企业，会继续通过提供无人机空中侦察服务，支持在阿富汗的德军。联邦国防科技和采购局（BWB）延长公司的现存订单，为德国武装部队提供苍鹭 1 型（Heron 1）超现代无人侦察机增加 2 年。订单时间从 2012 年 10 月延长到 2014 年 10 月，金额约 7500 万欧元。《驻阿德军延期苍鹭无人机覆盖》（"German Military in Afghanistan Extend UAV Coverage with Heron"），小型无人机系统新闻网，2012 年 7 月 17 日，https://www.suasnews.com/2012/07/german-militaryin-afghanistan-extend-uav-coverage-with-heron/

15 "凯希典公司开发并打造安全解决方案和系统。公司提供领先的系统集成，以及增值产品和服务，包括空中系统（飞机和无人机系统）、陆地、海洋和联合系统，情报与侦查、网络安全、安全通信、测试系统、导弹、服务，以及针对全球民间和军方客户的支持解决方案。公司提供覆盖全国的安保、部署部队安保、关键基础设施安保、事件安保、通讯网络安保、网络安保，以及终身服务解决方案。"https://www.cassidian.com

参考文献

Humphreys, Michael. 2017. Seven Ways to Smooth Your Path Along the Silk Road. *Control Risks*, February. https://www.controlrisks.com/en/our-thinking/analysis/seven-ways-to-smooth-your-path-along-the-silk-road. Accessed 2017.

Prince, Eric. 2017. The MacArthur Model for Afghanistan Consolidate Authority into One Person: An American Viceroy Who'd Lead All Coalition Efforts. *Wall Street Journal*, May 31. https://www.wsj.com/articles/the-macarthur-model-for-afghanistan-1496269058. Accessed 2017.

Prince, Erik. 2008. *Civilian Warriors: The Inside Story of Blackwater and the Unsung Heroes of the War on Terror.*

Scahill, Jeremy. 2017. Notorious Mercenary Erik Prince Is Advising Trump from the Shadows. *The Intercept*, January 18. https://theintercept.com/2017/01/17/notorious-mercenary-erik-prince-is-advising-trump-from-the-shadows/.Accessed 2017.

Schwartz, Moshe. 2009. The Department of Defense's Use of Private Security Contractors in Iraq and Afghanistan: Background, Analysis, and Options for Congress. *Senate*, September 29.

Smith, Josh. 2016. Exclusive: Afghan Drone War—Data Show Unmanned Flights Dominate Air Campaign. *Reuters*, April 20. http://www.reuters.com/article/us-afghanistan-drones-exclusive-idUSKCN0XH2UZ

The New York Times. 2014. Blackwater Guards Found Guilty in 2007 Iraq Killings. *The New York Times*, October 23. https://www.nytim such aes.com/2014/10/23/us/blackwater-verdict.html?_r=0. Accessed 2016.

The Washington Times. 2016. Former Blackwater Chief Under Investigation for Deals with China, Libya: Report. *The Washington Times*, March 24. http://www.washingtontimes.com/news/2016/mar/24/erik-prince-former-black-water-chief-under-investig/. Accessed 2017.

译者后记

复兴的古丝绸之路经济"带",与21世纪海上丝绸之"路"相结合,促成了当今的"一带一路"倡议。这一倡议正日益成为惠及包括欧亚大陆在内的世界多个国家的重要举措。它高举和平发展的旗帜,促进互联互通,激发沿线地区巨大的发展热情和潜能。然而,由于特殊的地缘战略和地缘经济因素,从中亚到巴基斯坦的"丝路经济带",和从索马里海岸到马六甲海峡的"海上丝路"存在着一定的安全风险。对于"走出去"的中国企业米说,需要迎接新事物,面对新挑战。在这种情况下,中国私营安保公司的行情不断看涨,也引发了人们对国际私营安保市场进一步的关注和研究。

亚历山德罗·阿尔杜伊诺(中文名"艾雷")博士2018年出版的这本《保卫新丝绸之路:挑战与机遇下的中国私营安保公司》,围绕"一带一路"沿线的安保问题,阐释了"具有中国特色"的私营安保公司在保护与"一带一路"有关的人员和财产时，所可能面临的问题与发挥的作用。尤其是他兼涉古今中外，追溯私营安保力量、安保市场在世界各地的成败得失，以大量参考性案例和分析，为我们展示了这一课题所牵涉的区域经济、地缘政治和国际法等层面的广阔图景，并在此基础上给出很多中肯的建议。本书是任何关注和研究"一带一路"安保问题的学者和政策制定者，都不应该错过的一本研究型著作。

艾雷博士目前是"上海社会科学院—都灵理工大学"安全与危机管理国际合作中心共同主任。他曾先后在都灵大学东方研究系、伦敦大学亚非学院求学，并在米兰比科卡大学获得博士学位。曾在伦敦大学国王学院、哈萨克斯坦阿布莱汗大学等著名高校和研究机构工作。他的主要研究方向包括中国政治经济、中国和中亚关系、主权财富基金、私营军事或安全公司、中国安全和外交政策等。他在这些领域出版了多部著作，并经常在意大利、英国、中国和俄罗斯的各种刊物上用当地语言发表论文和评论。

本书的中译由"经略"翻译团队完成。"经略研究院"是以重庆大学人文社会科学高等研究院为交流平台，会聚海内外高校青年学者的跨学科、跨地域的新型智库。其中的"经略"翻译团队，得到来自重庆大学中央高校基本科研业务项目（项目编号：2017 CDJSK 47 PT 20）的支持，由北京大学、北京外国语大学、重庆大学、中山大学等高校的学者与学生组成，旨在根据不同学科、项目和语言的要求组织翻译力量，编译和传播国际"资政应用"类的重要学术成果。

本书的翻译涉及多人分工合作，翻译人员包括林梓、冯晓雅、吴峰峰、崔灏、孙梦婵。整个翻译项目由唐杰主持，全书最后由唐杰和林梓进行了全文校对、润色和统稿。感谢出版方世纪文景及编辑的运作支持。译事多有不易，译者水平有限，难免有所疏漏，恳请方家读者慷慨指正。

经略翻译团队

2019 年 10 月

文
景

社 科 新 知　文 艺 新 潮

Horizon

保卫新丝绸之路：挑战与机遇下的中国私营安保公司

[意大利] 亚历山德罗·阿尔杜伊诺 著

唐杰、林梓 等 译

出 品 人：姚映然
责任编辑：傅春晖
封扉设计：安克晨

出　　品：北京世纪文景文化传播有限责任公司
　　　　　（北京朝阳区东土城路8号林达大厦A座4A　100013）
出版发行：上海人民出版社
印　　刷：山东临沂新华印刷物流集团有限责任公司
制　　版：北京大观世纪文化传媒有限公司

开 本：890mm×1240mm　1 / 32
印 张：9.5　字 数：136,000
2019年12月第1版　　2019年12月第1次印刷
定 价：59.00元
ISBN：978-7-208-16174-0 / D·3513

图书在版编目（CIP）数据

保卫新丝绸之路：挑战与机遇下的中国私营安保公司 / （意）亚历山德罗·阿尔杜伊诺著；唐杰等译. —上海：上海人民出版社，2019
书名原文：CHINA'S PRIVATE ARMY: Protecting the New Silk Road
ISBN 978-7-208-16174-0

Ⅰ.① 保… Ⅱ.① 亚… ② 唐… Ⅲ.① 私营企业-保卫工作-研究-中国 Ⅳ.① F279.245

中国版本图书馆CIP数据核字（2019）第247596号

本书如有印装错误，请致电本社更换 010-52187586